Lelangit Tumbuhan-Protein: Tempe dan Buku Masakan Seitan

Tingkatkan Hidangan Anda dengan Hidangan Berasaskan Tumbuhan yang Menyihatkan dan Berperisa

John Adnan

Ringkasan

PENGENALAN

Selamat datang ke "Lelangit Tumbuhan-Protein: Tempe dan Buku Masakan Seitan." Perjalanan kulinari ini meraikan keajaiban protein berasaskan tumbuhan, memfokuskan pada dua bahan yang lazat dan serba boleh: tempe dan seitan. Sama ada anda seorang vegan yang berpengalaman atau hanya ingin memasukkan lebih banyak pilihan berasaskan tumbuhan ke dalam diet anda, buku masakan ini menawarkan pelbagai resipi yang akan memenuhi citarasa anda dan menyuburkan badan anda.

Tempe dan seitan adalah sumber protein yang sangat baik, menyediakan nutrien penting sambil menawarkan tekstur dan perisa unik yang menyerlahkan sebarang hidangan. Tempe, diperbuat daripada kacang soya yang ditapai, mempunyai rasa pedas dan tekstur yang pejal, manakala seitan, yang berasal daripada gluten gandum, menawarkan konsistensi yang enak dan seperti daging. Kedua-dua bahan ini sangat serba boleh, membolehkan anda meneroka pelbagai kemungkinan masakan dan mencipta hidangan yang menyelerakan untuk sarapan pagi, makan tengah hari, makan malam dan segala-galanya di antaranya.

Dalam "Lelangit Protein Tumbuhan", kami akan

menyelami dunia tempe dan seitan, membuka potensi mereka untuk menyerlah dalam pelbagai jenis resipi. Daripada rebusan dan tumisan yang menyelerakan kepada perapan berperisa dan gril berperisa, hidangan berasaskan tumbuhan ini pasti menjadi makanan ruji di dapur anda.

Jadi, mari kita mulakan pengembaraan berperisa ini, meraikan kuasa protein tumbuhan dan kegembiraan memasak secara sedar dan penuh belas kasihan!

1. Dadih Kacang dengan Sos Tiram

- 8 auns dadih kacang
- 4 auns cendawan segar 6 bawang hijau
- 3 tangkai saderi
- lada merah atau hijau
- sudu besar minyak sayuran 1/2 cawan air
- sudu besar tepung jagung
- sudu besar sos tiram 4 sudu teh sherry kering
- 4 sudu teh kicap

Potong dadih kacang menjadi kiub 1/2 inci. Bersihkan cendawan dan potong menjadi kepingan. Potong bawang menjadi kepingan 1 inci. Potong saderi menjadi kepingan pepenjuru 1/2 inci. Keluarkan biji dari lada dan potong lada menjadi kepingan 1/2 inci.

Panaskan 1 sudu besar minyak dalam kuali dengan api besar. Masak dadih kacang dalam minyak, kacau perlahan-lahan, sehingga coklat muda, 3 minit. Keluarkan dari kuali.

Panaskan baki 1 sudu besar minyak dalam kuali dengan api yang tinggi. Masukkan cendawan, bawang, saderi dan lada, Tumis selama 1 minit.

Kembalikan kuah kacang ke dalam kuali. Gaul perlahan untuk sebati. Kisar air, tepung jagung, sos tiram, sherry dan kicap. Tuang ke atas adunan dalam kuali. Masak itik

kacau sehingga cecair mendidih. Masak dan kacau 1 minit lebih lama.

2. Tauhu goreng

- 1 blok tauhu pejal
- ¼ cawan tepung jagung
- 4-5 cawan minyak untuk menggoreng

Toskan tauhu dan potong kiub. Sapukan dengan tepung jagung.

Tambah minyak ke dalam kuali yang telah dipanaskan dan panaskan hingga 350°F. Apabila minyak panas, masukkan tauhu petak dan goreng hingga kekuningan. Toskan pada tuala kertas.

Menghasilkan 2¾ cawan

Shake yang lazat dan berkhasiat ini menjadikan sarapan pagi atau snek tengah hari yang ideal. Untuk rasa tambahan, tambah beri bermusim.

3. Dadih Kacang Difermentasi dengan Bayam

- 5 cawan daun bayam
- 4 kiub dadih kacang yang diperam bersama cili
- Secubit serbuk lima rempah (kurang daripada ⅛sudu teh)
- 2 sudu besar minyak untuk menumis
- 2 ulas bawang putih, dikisar

Rebus bayam dengan merendam daunnya sebentar ke dalam air mendidih. Toskan dengan teliti.

Tumbuk kiub tauhu yang ditapai dan campurkan serbuk lima rempah.

Masukkan minyak ke dalam kuali atau kuali yang telah dipanaskan terlebih dahulu. Apabila minyak sudah panas, masukkan bawang putih dan tumis sebentar hingga naik bau. Masukkan bayam dan tumis selama 1-2 minit. Masukkan dadih kacang tumbuk di tengah-tengah kuali dan gaul bersama bayam. Masak dan hidangkan panas.

4. Tauhu Rebus

- 1 paun daging lembu
- 4 cendawan kering
- 8 auns tauhu yang ditekan
- 1 cawan kicap ringan
- ¼ cawan kicap gelap
- ¼ cawan wain Beras Cina atau sherry kering
- 2 sudu besar minyak untuk menumis
- 2 hirisan halia
- 2 ulas bawang putih, dikisar
- 2 cawan air
- 1 bunga lawang

Potong daging lembu menjadi kepingan nipis. Rendam cendawan kering dalam air panas selama sekurang-kurangnya 20 minit untuk lembut. Perah perlahan-lahan untuk mengeluarkan lebihan air dan hiris.

Potong tauhu menjadi kiub ½ inci. Satukan kicap ringan, kicap gelap, wain beras Konjac, putih dan perang dan ketepikan.

Masukkan minyak ke dalam kuali atau kuali yang telah dipanaskan terlebih dahulu. Apabila minyak telah panas, masukkan hirisan halia dan bawang putih dan tumis sebentar hingga naik bau. Masukkan daging lembu dan masak hingga keperangan. Sebelum daging lembu habis masak, masukkan kiub tauhu dan goreng sebentar.

Masukkan sos dan 2 cawan air. Masukkan bunga lawang. Didihkan, kemudian kecilkan api dan reneh. Selepas 1 jam, masukkan cendawan kering. Reneh selama 30 minit lagi, atau sehingga cecair berkurangan.

Jika mahu, keluarkan bunga lawang sebelum dihidangkan.

5. Mee Cina dalam Sos Kacang Bijan

- 1 lb. mi ala cina
- 2 sudu besar. minyak bijan gelap

PERSALINAN:

- 6 sudu besar. mentega kacang 1/4 cawan air
- 3 sudu besar. kicap ringan 6 sudu besar. kicap gelap
- 6 sudu besar. tahini (pes bijan)
- 1/2 cawan minyak bijan gelap 2 sudu besar. sherry
- 4 sudu kecil. Cuka wain beras 1/4 cawan madu
- 4 ulas bawang putih sederhana, dikisar
- 2 sudu kecil. halia segar dikisar
- 2-3 sudu besar. minyak lada panas (atau mengikut kesukaan anda sendiri) 1/2 cawan air panas

Satukan kepingan lada merah panas dan minyak dalam periuk dengan api sederhana. Didihkan, dan segera tutup api. Sejuk sikit. Tapis dalam bekas kaca kecil yang boleh ditutup. Sejukkan.

HIASAN:

- 1 lobak merah, dikupas
- 1/2 timun sederhana pejal, dikupas, dibiji, dan dicincang 1/2 cawan kacang tanah panggang, dicincang kasar
- 2 biji bawang hijau, hiris nipis

Masak mee dalam periuk besar air mendidih dengan api sederhana. Masak sehingga hampir tidak empuk dan masih pejal. Toskan segera dan bilas dengan air sejuk sehingga sejuk. Toskan sebati dan toskan mi dengan (2 sudu besar) minyak bijan gelap supaya tidak melekat.

UNTUK MEMBUAT: satukan semua bahan kecuali air panas dalam pengisar dan kisar sehingga sebati. Nipis dengan air panas hingga sekata krim putar.

Untuk hiasan, kupas daging lobak merah dalam sedutan pendek kira-kira 4" panjang. Letakkan dalam air ais selama 30 minit untuk menggulung. Sejurus sebelum dihidangkan, toskan mi dengan sos. Hiaskan dengan timun, kacang tanah, bawang hijau dan lobak merah keriting. Hidangkan sejuk atau pada suhu bilik.

6. Mee Mandarin

- cendawan cina kering
- 1/2 paun mee cina segar 1/4 cawan minyak kacang tanah
- sudu besar sos hoisin 1 sudu besar sos kacang
- sudu besar wain beras atau sherry kering 3 sudu besar kicap ringan
- atau madu
- 1/2 cawan cecair rendaman cendawan yang dikhaskan 1 sudu teh pes cili
- 1 sudu besar tepung jagung
- 1/2 lada benggala merah -- dalam kiub 1/2 inci
- 1/2 8 auns tin rebung keseluruhan, potong 1/2 dalam kiub dibilas dan toskan 2 cawan taugeh
- daun bawang -- dihiris nipis

Rendam cendawan cina dalam 1 1/4 cawan air panas selama 30 minit. Semasa mereka berendam, masak 4 liter air hingga mendidih dan masak mi selama 3 minit. Toskan dan toskan dengan 1 sudu besar minyak kacang tanah; mengetepikan.

Keluarkan cendawan; tapis dan simpan 1/2 cawan cecair rendaman untuk sos. Langkah dan buang batang cendawan; cincang kasar penutup dan ketepikan.

Satukan bahan-bahan untuk sos dalam mangkuk kecil; mengetepikan. Larutkan tepung jagung dalam 2 sudu besar air sejuk; mengetepikan.

Letakkan kuali di atas api sederhana tinggi. Apabila mula berasap, masukkan baki 3 sudu besar minyak kacang tanah, kemudian cendawan, lada merah, rebung, dan taugeh. Tumis 2 minit.

Kacau sos dan masukkan ke dalam kuali, dan teruskan tumis sehingga adunan mula mendidih, kira-kira 30 saat.

Campurkan tepung jagung yang telah dilarutkan dan masukkan ke dalam kuali. Teruskan kacau sehingga sos pekat, kira-kira 1 minit. Masukkan mee dan kacau sehingga dipanaskan, kira-kira 2 minit.

Pindahkan ke dalam pinggan hidangan dan taburkan dengan hirisan daun bawang. Hidangkan segera

7. Kuah Kacang dengan Sos Kacang dan Mee

- 8 auns mi segar ala Peking
- 1 blok tauhu pejal 12 auns
- 3 tangkai besar bok choy DAN 2 biji bawang hijau
- ⅓cawan kicap gelap
- 2 sudu besar sos kacang hitam
- 2 sudu teh wain Beras Cina atau sherry kering
- 2 sudu kecil cuka beras hitam
- ¼ sudu teh garam
- ¼ sudu teh pes cili dengan bawang putih
- 1 sudu teh Minyak Cili Panas (halaman 23)
- ¼ sudu teh minyak bijan
- ½ cawan air
- 2 sudu besar minyak untuk menumis
- 2 hirisan halia, dikisar
- 2 ulas bawang putih, dikisar
- ¼ sebiji bawang merah, dicincang

Masak mee dalam air mendidih sehingga ia empuk. Toskan dengan teliti. Toskan tauhu dan potong kiub. Rebus bok choy dengan merendam sebentar ke dalam air mendidih dan toskan hingga bersih. Asingkan tangkai dan daun. Potong bawang hijau pada pepenjuru menjadi kepingan 1 inci. Satukan kicap gelap, sos kacang hitam, wain beras Konjac, cuka beras hitam, garam, pes cili dengan bawang putih, Minyak Cili Panas, minyak bijan dan air. Mengetepikan.

Masukkan minyak ke dalam kuali atau kuali yang telah dipanaskan terlebih dahulu. Apabila minyak telah panas, masukkan halia, bawang putih, dan bawang hijau. Tumis sebentar hingga naik bau. Masukkan bawang merah dan tumis sebentar. Tolak ke tepi dan masukkan tangkai bok choy. Masukkan daun dan tumis sehingga bok choy berwarna hijau terang dan bawang lembut. Jika mahu, perasakan dengan ¼ sudu teh garam

Masukkan sos di tengah-tengah kuali dan biarkan mendidih. Masukkan tauhu. Reneh selama beberapa minit untuk membolehkan tauhu menyerap sos. Masukkan mee. Campurkan semuanya dan hidangkan panas.

8. Tauhu Sumbat Udang

- ½ paun tauhu pejal
- 2 auns udang masak, dikupas dan dikeringkan
- ⅛sudu teh garam
- Lada dua kunci
- ¼ sudu teh tepung jagung
- ½ cawan air rebusan ayam
- ½ sudu teh wain Beras Cina atau sherry kering
- ¼ cawan air
- 2 sudu besar sos tiram
- 2 sudu besar minyak untuk menumis
- 1 biji bawang hijau, potong 1 inci

Toskan tauhu. Basuh udang dan keringkan dengan tuala kertas. Perap udang dalam garam, lada sulah dan tepung jagung selama 15 minit.

Pegang pisau selari dengan papan pemotong, potong tauhu separuh memanjang. Potong setiap separuh kepada 2 segi tiga, kemudian potong setiap segi tiga kepada 2 lagi segi tiga. Anda kini sepatutnya mempunyai 8 segi tiga.

Potong celah memanjang pada sebelah tauhu. Masukkan ¼–½ sudu teh udang ke dalam celah.

Masukkan minyak ke dalam kuali atau kuali yang telah dipanaskan terlebih dahulu. Bila minyak dah panas, masukkan tauhu. Perangkan tauhu selama kira-kira 3–4 minit, terbalikkannya sekurang-kurangnya sekali dan pastikan ia tidak melekat pada bahagian bawah kuali. Jika anda mempunyai lebihan udang, tambahkannya pada minit terakhir memasak.

Masukkan sup ayam, wain beras Konjac, air, dan sos tiram ke tengah kuali. Biarkan mendidih. Kecilkan api, tutup dan reneh selama 5-6 minit. Masukkan bawang hijau. Hidangkan panas.

9. Dadih Kacang dengan Sayur Szechwan

- 7 auns (2 blok) dadih kacang yang ditekan
- ¼ cawan sayur Szechwan yang diawet
- ½ cawan stok ayam atau sup
- 1 sudu teh wain Beras Cina atau sherry kering
- ½ sudu teh kicap
- 4-5 cawan minyak untuk menggoreng

Panaskan sekurang-kurangnya 4 cawan minyak dalam kuali yang telah dipanaskan hingga 350°F. Sementara menunggu minyak panas, potong dadih kacang yang telah ditekan menjadi kiub 1 inci. Potong sayur Szechwan menjadi kiub. Satukan stok ayam dan wain beras dan ketepikan.

Apabila minyak telah panas, masukkan kiub dadih kacang, dan goreng sehingga bertukar menjadi perang. Keluarkan dari kuali dengan sudu berlubang dan ketepikan.

Keluarkan semua kecuali 2 sudu besar minyak dari kuali. Masukkan sayur Szechwan yang diawet. Tumis selama 1–2 minit, kemudian tolak ke tepi kuali. Masukkan campuran air rebusan ayam di tengah-tengah kuali dan biarkan mendidih. Campurkan kicap. Masukkan kuah kacang yang telah ditekan. Campurkan semuanya, reneh selama beberapa minit, dan hidangkan panas.

10. Tauhu Rebus Tiga Sayur

- 4 cendawan kering
- ¼ cawan cecair rendaman cendawan yang dikhaskan
- ⅔secawan cendawan segar
- ½ cawan air rebusan ayam
- 1½ sudu besar sos tiram
- 1 sudu teh wain Beras Cina atau sherry kering
- 2 sudu besar minyak untuk menumis
- 1 ulas bawang putih, dikisar
- 1 cawan baby carrot, dibelah dua
- 2 sudu teh tepung jagung dibancuh dengan 4 sudu teh air
- ¾ paun tauhu yang ditekan, dipotong menjadi kiub ½ inci

Rendam cendawan kering dalam air panas selama sekurang-kurangnya 20 minit. Simpan ¼ cawan cecair rendaman. Hiris cendawan kering dan segar.

Satukan cecair cendawan yang dikhaskan, sup ayam, sos tiram, dan wain beras Konjac. Mengetepikan.

Masukkan minyak ke dalam kuali atau kuali yang telah dipanaskan terlebih dahulu. Apabila minyak sudah panas, masukkan bawang putih dan tumis sebentar hingga naik bau. Masukkan lobak merah. Tumis selama 1 minit, kemudian masukkan cendawan dan tumis.

Masukkan sos dan biarkan mendidih. Beri adunan tepung jagung dan air kacau dan masukkan ke dalam sos, kacau cepat untuk memekat.

Masukkan kiub tauhu. Campurkan semuanya, kecilkan api dan reneh selama 5-6 minit. Hidangkan panas.

11. Segitiga Tauhu Isi Babi

- ½ paun tauhu pejal
- ¼ paun daging babi yang dikisar
- ⅛sudu teh garam
- Lada dua kunci
- ½ sudu teh wain Beras Cina atau sherry kering
- ½ cawan air rebusan ayam
- ¼ cawan air
- 2 sudu besar sos tiram
- 2 sudu besar minyak untuk menumis
- 1 biji bawang hijau, potong 1 inci

Toskan tauhu. Letakkan daging babi yang dikisar dalam mangkuk sederhana. Masukkan garam, lada sulah, dan wain beras Konjac. Perap daging babi selama 15 minit.

Pegang pisau selari dengan papan pemotong, potong tauhu separuh memanjang. Potong setiap separuh kepada 2 segi tiga, kemudian potong setiap segi tiga kepada 2 lagi segi tiga. Anda kini sepatutnya mempunyai 8 segi tiga.

Potong celah memanjang di sepanjang salah satu tepi setiap segi tiga tauhu. Masukkan ¼ sudu teh daging babi yang dikisar ke dalam slot.

Masukkan minyak ke dalam kuali atau kuali yang telah dipanaskan terlebih dahulu. Bila minyak dah panas, masukkan tauhu. Jika anda mempunyai lebihan daging babi yang dikisar, tambahkannya juga. Perangkan tauhu selama kira-kira 3–4 minit, terbalikkannya sekurang-kurangnya sekali dan pastikan ia tidak melekat pada bahagian bawah kuali.

Masukkan air rebusan ayam, air dan sos tiram ke bahagian tengah kuali. Biarkan mendidih. Kecilkan api, tutup dan reneh selama 5-6 minit. Masukkan bawang hijau. Hidangkan panas.

12. Pancake Cranberry dengan Sirap

Membuat 4 hingga 6 hidangan

1 cawan air mendidih
$^{1}/_{2}$ cawan cranberi kering manis
$^{1}/_{2}$ cawan sirap maple
$^{1}/_{4}$ cawan jus oren segar
$^{1}/_{4}$ cawan oren cincang
1 sudu besar marjerin vegan
1 $^{1}/_{2}$ cawan tepung serba guna
1 sudu besar gula
1 sudu besar serbuk penaik
$^{1}/_{2}$ sudu teh garam
1 $^{1}/_{2}$ cawan susu soya
$^{1}/_{4}$ cawan tauhu sutera lembut, toskan
1 sudu besar minyak canola atau biji anggur, ditambah lagi untuk menggoreng

Dalam mangkuk tahan panas, tuangkan air mendidih ke atas cranberry dan ketepikan untuk melembutkan, kira-kira 10 minit. Toskan sebati dan ketepikan.

Dalam periuk kecil, satukan sirap maple, jus oren, oren, dan marjerin dan panaskan dengan api perlahan, kacau untuk mencairkan marjerin. Tetap hangat. Panaskan ketuhar hingga 225°F.

Dalam mangkuk besar, satukan tepung, gula, serbuk penaik, dan garam dan ketepikan.

Dalam pemproses makanan atau pengisar, satukan susu soya, tauhu dan minyak sehingga sebati.

Tuangkan bahan basah ke dalam bahan kering dan gaulkan dengan beberapa pukulan pantas. Lipat cranberry yang telah dilembutkan.

Pada griddle atau kuali besar, panaskan lapisan nipis minyak di atas api sederhana tinggi. Senduk $^{1}/_{4}$ cawan hingga $^{1}/_{3}$ cawan

daripada adunan ke atas griddle panas. Masak sehingga buih kecil muncul di bahagian atas, 2 hingga 3 minit. Balikkan pancake dan masak sehingga bahagian kedua berwarna perang, lebih kurang 2 minit lagi. Pindahkan penkek yang telah dimasak ke dalam pinggan tahan panas dan simpan dalam ketuhar semasa memasak yang lain. Hidangkan dengan sirap oren-maple.

13. Tauhu Kaca Soya

Membuat 4 hidangan

- 1 paun tauhu lebih pejal, toskan, potong $^{1}/_{2}$ inci kepingan, dan ditekan
- $^{1}/_{4}$ cawan minyak bijan panggang
- $^{1}/_{4}$ cawan cuka beras
- 2 sudu teh gula

Keringkan tauhu dan susun dalam loyang 9 x 13 inci dan ketepikan.

Dalam periuk kecil, satukan kicap, minyak, cuka, dan gula dan biarkan mendidih. Tuangkan perapan panas ke atas tauhu dan ketepikan untuk diperap selama 30 minit, pusing sekali.

Panaskan ketuhar hingga 350°F. Bakar tauhu selama 30 minit, pusing sekali kira-kira separuh. Hidangkan segera atau biarkan sejuk pada suhu bilik, kemudian tutup dan sejukkan sehingga diperlukan.

14. Tauhu Gaya Cajun

Membuat 4 hidangan

- 1 paun tauhu lebih pejal, toskan dan ditepuk kering
- garam
- 1 sudu besar ditambah 1 sudu teh perasa Cajun
- 2 sudu besar minyak zaitun
- $^{1}/_{4}$ cawan lada benggala hijau cincang
- 1 sudu besar saderi cincang
- 2 sudu besar bawang hijau kisar
- 2 ulas bawang putih, dikisar
- 1 (14.5-auns) tin tomato dipotong dadu, toskan
- 1 sudu besar kicap
- 1 sudu besar pasli segar cincang

Potong tauhu menjadi kepingan setebal $^{1}/_{2}$ inci dan taburkan kedua-dua belah dengan garam dan 1 sudu besar perasa Cajun. Mengetepikan.

Dalam periuk kecil, panaskan 1 sudu besar minyak di atas api sederhana. Masukkan lada benggala dan saderi. Tutup dan masak selama 5 minit. Masukkan bawang hijau dan bawang putih dan masak, tidak bertutup, 1 minit lebih lama. Masukkan tomato, kicap, pasli, baki 1 sudu teh campuran rempah Cajun, dan garam secukup rasa. Reneh selama 10 minit untuk sebatikan rasa dan ketepikan.

Dalam kuali besar, panaskan baki 1 sudu besar minyak di atas api sederhana tinggi. Masukkan tauhu dan masak sehingga perang di kedua-dua belah, kira-kira 10 minit. Masukkan sos dan reneh selama 5 minit. Hidangkan segera.

15. Tauhu Rangup dengan Sos Kaper Sizzling

Membuat 4 hidangan

- 1 paun tauhu lebih pejal, toskan, potong $^1/_4$ inci kepingan, dan ditekan
- Garam dan lada hitam yang baru dikisar
- 2 sudu besar minyak zaitun, tambah lagi jika perlu
- 1 bawang merah sederhana, dikisar
- 2 sudu besar caper
- 3 sudu besar pasli segar cincang
- 2 sudu besar marjerin vegan
- Jus 1 lemon

Panaskan ketuhar hingga 275°F. Keringkan tauhu dan perasakan dengan garam dan lada sulah secukup rasa. Letakkan tepung jagung dalam mangkuk cetek. Korek tauhu dalam tepung jagung, salut semua bahagian.

Dalam kuali besar, panaskan 2 sudu besar minyak di atas api sederhana. Masukkan tauhu, dalam kelompok jika perlu, dan masak sehingga perang keemasan di kedua-dua belah, kira-kira 4 minit setiap sisi. Pindahkan tauhu yang telah digoreng ke dalam pinggan tahan panas dan simpan dalam ketuhar.

Dalam kuali yang sama, panaskan baki 1 sudu besar minyak di atas api sederhana. Masukkan bawang merah dan masak sehingga lembut, kira-kira 3 minit. Masukkan caper dan pasli dan masak selama 30 saat, kemudian kacau dalam marjerin, jus lemon, dan garam dan lada sulah secukup rasa, kacau hingga cair dan masukkan marjerin. Teratas tauhu dengan sos kaper dan hidangkan segera.

16. Tauhu Goreng Desa dengan Kuah Emas

Membuat 4 hidangan

- 1 paun tauhu lebih pejal, toskan, potong $^{1}/_{2}$ inci kepingan, dan ditekan
- Garam dan lada hitam yang baru dikisar
- $^{1}/_{3}$ cawan tepung jagung
- 2 sudu besar minyak zaitun
- 1 bawang kuning sederhana manis, dicincang
- 2 sudu besar tepung serba guna
- 1 sudu teh thyme kering
- $^{1}/_{8}$ sudu teh kunyit
- 1 cawan sup sayur, buatan sendiri (lihat Sup Sayur Ringan) atau dibeli di kedai
- 1 sudu besar kicap
- 1 cawan kacang ayam masak atau tin, toskan dan bilas
- 2 sudu besar pasli segar cincang, untuk hiasan

Keringkan tauhu dan perasakan dengan garam dan lada sulah secukup rasa. Letakkan tepung jagung dalam mangkuk cetek. Korek tauhu dalam tepung jagung, salut semua bahagian. Panaskan ketuhar hingga 250°F.

Dalam kuali besar, panaskan 2 sudu besar minyak di atas api sederhana. Masukkan tauhu, dalam kelompok jika perlu, dan masak sehingga perang keemasan di kedua-dua belah, kira-kira 10 minit. Pindahkan tauhu yang telah digoreng ke dalam pinggan tahan panas dan simpan dalam ketuhar.

Dalam kuali yang sama, panaskan baki 1 sudu besar minyak di atas api sederhana. Masukkan bawang, tutup, dan masak sehingga lembut, 5 minit. Buka tutup dan kurangkan haba kepada rendah. Masukkan tepung, thyme, dan kunyit dan masak selama 1 minit, kacau sentiasa. Masukkan air rebusan perlahan-lahan, kemudian susu kicap dan kicap. Masukkan kacang ayam dan perasakan dengan garam dan lada sulah secukup rasa. Teruskan masak, kacau kerap, selama 2 minit. Pindahkan ke dalam pengisar dan proses sehingga licin dan berkrim. Kembalikan ke dalam periuk dan panaskan sehingga panas, tambah sedikit lagi kuahnya jika sos terlalu pekat. Sudukan sos ke atas tauhu dan taburkan dengan pasli. Hidangkan segera.

17. Tauhu dan Asparagus Berlapis Oren

Membuat 4 hidangan

- 2 sudu besar mirin
- 1 sudu besar tepung jagung
- 1 (16-auns) bungkusan tauhu lebih pejal, toskan dan potong menjadi jalur $^{1}/_{4}$ inci
- 2 sudu besar kicap
- 1 sudu teh minyak bijan panggang
- 1 sudu teh gula
- $^{1}/_{4}$ sudu teh pes cili Asia
- 2 sudu besar minyak canola atau grapeseed
- 1 ulas bawang putih, dikisar
- $^{1}/_{2}$ sudu teh halia segar yang dikisar
- 5 auns asparagus nipis, hujung yang keras dipotong dan dipotong menjadi kepingan 1 $^{1}/_{2}$ inci

Dalam mangkuk cetek, satukan mirin dan tepung jagung dan gaul rata. Masukkan tauhu dan kacau perlahan-lahan hingga bersalut. Ketepikan untuk perap selama 30 minit.

Dalam mangkuk kecil, satukan jus oren, kicap, minyak bijan, gula dan pes cili. Mengetepikan.

Dalam kuali atau kuali besar, panaskan minyak kanola di atas api sederhana. Masukkan bawang putih dan halia dan tumis hingga naik bau, kira-kira 30 saat. Masukkan tauhu yang diperap dan asparagus dan tumis sehingga tauhu berwarna perang keemasan dan asparagus lembut, kira-kira 5 minit. Masukkan sos dan masak selama lebih kurang 2 minit lagi. Hidangkan segera.

18. Tahu Pizzaiola

Membuat 4 hidangan

- 2 sudu besar minyak zaitun
- 1 (16-auns) bungkusan tauhu lebih pejal, toskan, potong $^{1}/_{2}$ inci kepingan, dan ditekan (lihat Sup Sayuran Ringan)
- garam
- 3 ulas bawang putih, dikisar
- 1 (14.5-auns) tin tomato dipotong dadu, toskan
- $^{1}/_{4}$ cawan tomato kering berjemur yang dibungkus minyak, dipotong menjadi jalur $^{1}/_{4}$ inci
- 1 sudu besar caper
- 1 sudu teh oregano kering
- $^{1}/_{2}$ sudu teh gula
- Lada hitam yang baru dikisar
- 2 sudu besar pasli segar cincang, untuk hiasan

Panaskan ketuhar hingga 275°F. Dalam kuali besar, panaskan 1 sudu besar minyak di atas api sederhana. Masukkan tauhu dan masak sehingga perang keemasan pada kedua-dua belah, pusing sekali, kira-kira 5 minit setiap sisi. Taburkan tauhu dengan garam secukup rasa. Pindahkan tauhu yang telah digoreng ke dalam pinggan tahan panas dan simpan dalam ketuhar.

Dalam kuali yang sama, panaskan baki 1 sudu besar minyak di atas api sederhana. Masukkan bawang putih dan masak sehingga lembut, kira-kira 1 minit. Jangan coklat. Masukkan tomato dadu, tomato kering matahari, buah zaitun dan caper. Masukkan oregano, gula, dan garam dan lada sulah secukup rasa. Reneh sehingga sos panas dan rasa sebati, kira-kira 10 minit. Atas hirisan tauhu goreng dengan sos dan taburkan dengan pasli. Hidangkan segera.

19. Tauhu "Ka-Pow".

Membuat 4 hidangan

- 1 paun tauhu lebih pejal, toskan, ditepuk kering, dan potong menjadi kiub 1 inci
- garam
- 2 sudu besar tepung jagung
- 2 sudu besar kicap
- 1 sudu besar sos tiram vegetarian
- 2 sudu teh Nothin' Fishy Nam Pla atau 1 sudu teh cuka beras
- 1 sudu kecil gula perang
- $^{1}/_{2}$ sudu teh lada merah ditumbuk
- 2 sudu besar minyak canola atau grapeseed
- 1 bawang kuning sederhana manis, dibelah dua dan potong $^{1}/_{2}$ inci kepingan
- lada benggala merah sederhana, potong $^{1}/_{4}$ inci kepingan
- bawang hijau, dicincang
- $^{1}/_{2}$ cawan daun selasih Thai

Dalam mangkuk sederhana, satukan tauhu, garam secukup rasa, dan tepung jagung. Tos hingga bersalut dan ketepikan.

Dalam mangkuk kecil, satukan kicap, sos tiram, nam pla, gula, dan lada merah yang telah dihancurkan. Kacau rata hingga sebati dan ketepikan.

Dalam kuali besar, panaskan 1 sudu besar minyak di atas api sederhana tinggi. Masukkan tauhu dan masak sehingga perang keemasan, kira-kira 8 minit. Keluarkan dari kuali dan ketepikan.

Dalam kuali yang sama, panaskan baki 1 sudu besar minyak di atas api sederhana. Masukkan bawang dan lada benggala dan kacau sehingga lembut, kira-kira 5 minit. Masukkan bawang hijau dan masak 1 minit lagi. Masukkan tauhu goreng, sos, dan selasih dan kacau sehingga panas, kira-kira 3 minit. Hidangkan segera.

20. Tauhu Gaya Sicily

Membuat 4 hidangan

- 2 sudu besar minyak zaitun
- 1 paun tauhu lebih pejal, toskan, potong $^{1}/_{4}$ inci, dan ditekan Garam dan lada hitam yang baru dikisar
- 1 bawang kuning kecil, dicincang
- 2 ulas bawang putih, dikisar
- 1 (28-auns) tin tomato dipotong dadu, toskan
- $^{1}/_{4}$ cawan wain putih kering
- $^{1}/_{4}$ sudu teh lada merah ditumbuk
- $^{1}/_{3}$ cawan buah zaitun Kalamata yang diadu
- 1 $^{1}/_{2}$ sudu besar caper
- 2 sudu besar basil segar yang dicincang atau 1 sudu teh kering (pilihan)

Panaskan ketuhar hingga 250°F. Dalam kuali besar, panaskan 1 sudu besar minyak di atas api sederhana. Masukkan tauhu, dalam kelompok jika perlu, dan masak sehingga perang keemasan di kedua-dua belah, 5 minit setiap sisi. Perasakan dengan garam dan lada hitam secukup rasa. Pindahkan tauhu yang telah dimasak ke dalam pinggan tahan panas dan simpan dalam ketuhar semasa anda menyediakan sos.

Dalam kuali yang sama, panaskan baki 1 sudu besar minyak di atas api sederhana. Masukkan bawang dan bawang putih, tutup, dan masak sehingga bawang lembut, 10 minit. Masukkan tomato, wain, dan lada merah yang dihancurkan. Didihkan, kemudian kecilkan api ke rendah dan reneh, tanpa penutup, selama 15 minit. Kacau dalam zaitun dan caper. Masak selama 2 minit lagi.

Susun tauhu di atas pinggan atau pinggan individu. Sudukan sos di atas. Taburkan dengan selasih segar, jika digunakan. Hidangkan segera.

21. Tumis Thai-Phoon

Membuat 4 hidangan

- 1 paun tauhu lebih pejal, toskan dan ditepuk dr
- 2 sudu besar minyak canola atau grapeseed
- bawang merah sederhana, dibelah dua memanjang dan dipotong menjadi kepingan $^{1}/_{8}$ inci
- 2 ulas bawang putih, dikisar
- 2 sudu teh halia segar parut
- 3 auns penutup cendawan putih, dibilas ringan, ditepuk kering, dan dipotong menjadi kepingan $^{1}/_{2}$ inci
- 1 sudu besar mentega kacang berkrim
- 2 sudu kecil gula perang
- 1 sudu kecil pes cili Asia
- 2 sudu besar kicap
- 1 sudu besar mirin
- 1 tin (13.5-auns) santan tanpa gula
- 6 auns bayam segar yang dicincang
- 1 sudu besar minyak bijan bakar
- Nasi atau mi yang baru dimasak, untuk dihidangkan
- 2 sudu besar kemangi Thai segar atau ketumbar dicincang halus
- 2 sudu besar kacang tanah panggang tanpa garam ditumbuk
- 2 sudu teh halia dikisar (pilihan)

Potong tauhu kepada dadu $^{1}/_{2}$ inci dan ketepikan. Dalam kuali besar, panaskan 1 sudu besar minyak haba sederhana tinggi. Masukkan tauhu dan tumis sehingga perang keemasan, kira-kira 7 minit. Keluarkan tauhu dari kuali dan ketepikan.

Dalam kuali yang sama, panaskan baki 1 sudu besar minyak di atas api sederhana. Masukkan bawang merah, bawang putih, halia, dan cendawan dan tumis sehingga lembut, kira-kira 4 minit.

Masukkan mentega kacang, gula, pes cili, kicap, dan mirin. Masukkan santan dan gaul hingga sebati. Masukkan tauhu goreng dan bayam dan biarkan mendidih. Kecilkan api kepada sederhana rendah dan reneh, kacau sekali-sekala, sehingga bayam layu dan rasa sebati, 5 hingga 7 minit. Masukkan minyak bijan dan reneh selama satu minit lagi. Untuk menghidangkan, sendukkan adunan tauhu ke atas nasi atau mi pilihan anda dan taburkan dengan kelapa, selasih, kacang tanah dan halia terhablur, jika digunakan. Hidangkan segera.

22. Tauhu Bakar Bercat Chipotle

Membuat 4 hidangan

- 2 sudu besar kicap
- 2 biji cili chipotle tin dalam adobo
- 1 sudu besar minyak zaitun
- 1 paun tauhu lebih pejal, toskan, potong $^1/_2$ inci kepingan tebal, dan ditekan (lihat Sup Sayuran Ringan)

Panaskan ketuhar hingga 375°F. Minyak sedikit loyang 9 x 13 inci dan ketepikan.

Dalam pemproses makanan, satukan kicap, chipotles, dan minyak dan proses sehingga sebati. Kikis campuran chipotle ke dalam mangkuk kecil.

Sapu campuran chipotle pada kedua-dua belah hirisan tauhu dan susunkannya dalam satu lapisan dalam kuali yang disediakan. Bakar sehingga panas, kira-kira 20 minit. Hidangkan segera.

23. Tauhu Bakar dengan Asam Tamarind Glaze

Membuat 4 hidangan

- 1 paun tauhu lebih pejal, toskan dan ditepuk kering
- Garam dan lada hitam yang baru dikisar
- 2 sudu besar minyak zaitun
- 2 bawang merah sederhana, dikisar
- 2 ulas bawang putih, dikisar
- 2 biji tomato masak, dicincang kasar
- 2 sudu besar sos tomato
- $^{1}/_{4}$ cawan air
- 2 sudu besar mustard Dijon
- 1 sudu besar gula perang gelap
- 2 sudu besar nektar agave
- 2 sudu besar asam jawa
- 1 sudu besar molase gelap
- $^{1}/_{2}$ sudu teh cayenne kisar
- 1 sudu besar paprika salai
- 1 sudu besar kicap

Potong tauhu menjadi kepingan 1 inci, perasakan dengan garam dan lada sulah secukup rasa, dan ketepikan dalam loyang cetek.

Dalam periuk besar, panaskan minyak dengan api sederhana. Masukkan bawang merah dan bawang putih dan tumis selama 2 minit. Masukkan semua bahan yang tinggal, kecuali tauhu. Kecilkan api dan reneh selama 15 minit. Pindahkan adunan ke dalam pengisar atau pemproses makanan dan kisar sehingga rata. Kembali ke dalam periuk dan masak 15 minit lebih lama, kemudian ketepikan untuk menyejukkan. Tuangkan sos ke atas tauhu dan sejukkan sekurang-kurangnya 2 jam. Panaskan panggangan atau ayam pedaging.

Bakar tauhu yang telah diperap, putar sekali, hingga panas dan perang elok di kedua-dua belah. Semasa tauhu memanggang, panaskan semula perapan dalam periuk. Keluarkan tauhu dari panggangan, sapu setiap sisi dengan sos asam jawa, dan hidangkan segera.

24. Tauhu Sumbat Selada Air

Membuat 4 hidangan

- 1 paun tauhu lebih pejal, toskan, potong ¾ inci, dan ditekan (lihat Sup Sayuran Ringan)
- Garam dan lada hitam yang baru dikisar
- 1 tandan kecil selada air, batang yang keras dibuang dan dicincang
- 2 tomato plum masak, dicincang
- $^{1}/_{2}$ cawan bawang hijau cincang
- 2 sudu besar pasli segar cincang
- 2 sudu besar basil segar cincang
- 1 sudu kecil bawang putih dikisar
- 2 sudu besar minyak zaitun
- 1 sudu besar cuka balsamic
- Secubit gula
- $^{1}/_{2}$ cawan tepung serba guna
- $^{1}/_{2}$ cawan air
- 1 $^{1}/_{2}$ cawan keringkan serbuk roti tanpa perasa

Potong poket panjang yang dalam di sisi setiap keping tauhu dan letakkan tauhu di atas loyang. Perasakan dengan garam dan lada sulah secukup rasa dan ketepikan.

Dalam mangkuk besar, satukan selada air, tomato, bawang hijau, pasli, selasih, bawang putih, 2 sudu besar minyak, cuka, gula, serta garam dan lada secukup rasa. Gaul hingga sebati, kemudian masukkan adunan ke dalam poket tauhu dengan teliti.

Letakkan tepung dalam mangkuk cetek. Tuangkan air ke dalam mangkuk cetek yang berasingan. Letakkan serbuk roti di atas pinggan besar. Korek tauhu dalam tepung, kemudian celupkan dengan teliti ke dalam air, dan kemudian korek dalam serbuk roti, salutkan dengan teliti.

Dalam kuali besar, panaskan baki 2 sudu besar minyak di atas api sederhana. Masukkan tauhu yang disumbat ke dalam kuali dan masak sehingga perang keemasan, putar sekali, 4 hingga 5 minit setiap sisi. Hidangkan segera.

25. Tauhu dengan Pistachio-Delima

Membuat 4 hidangan

- 1 paun tauhu lebih pejal, toskan, potong $^1/_4$ inci, dan ditekan (lihat Sup Sayuran Ringan)
- Garam dan lada hitam yang baru dikisar
- 2 sudu besar minyak zaitun
- $^1/_2$ cawan jus delima
- 1 sudu besar cuka balsamic
- 1 sudu besar gula perang ringan
- 2 biji bawang hijau, dikisar
- $^1/_2$ cawan pistachio bercengkerang tanpa garam, dicincang kasar
- Perasakan tauhu dengan garam dan lada sulah secukup rasa.

Dalam kuali besar, panaskan minyak dengan api sederhana. Masukkan hirisan tauhu, dalam kelompok jika perlu, dan masak sehingga perang sedikit, kira-kira 4 minit setiap sisi. Keluarkan dari kuali dan ketepikan.

Dalam kuali yang sama, masukkan jus delima, cuka, gula, dan bawang hijau dan reneh dengan api sederhana selama 5 minit. Masukkan separuh daripada pistachio dan masak sehingga sos sedikit pekat, kira-kira 5 minit.

Kembalikan tauhu yang telah digoreng ke dalam kuali dan masak sehingga panas, kira-kira 5 minit, sendukkan sos di atas tauhu semasa ia mendidih. Hidangkan segera, taburkan dengan baki pistachio.

26. Tauhu Pulau Rempah

Membuat 4 hidangan

- 1/2 cawan tepung jagung
- 1/2 sudu teh thyme segar dicincang atau 1/4 sudu teh kering
- 1/2 sudu teh marjoram segar dicincang atau 1/4 sudu teh kering
- 1/2 sudu teh garam
- 1/4 sudu teh cayenne kisar
- 1/4 sudu teh paprika manis atau salai
- 1/4 sudu teh gula perang ringan
- 1/8 sudu teh lada sulah yang dikisar
- 1 paun tauhu lebih pejal, toskan dan potong menjadi jalur 1/2 inci
- 2 sudu besar minyak canola atau grapeseed
- 1 lada benggala merah sederhana, dipotong menjadi jalur 1/4 inci
- 2 bawang hijau, dicincang
- 1 ulas bawang putih, dikisar
- 1 jalapeño, dibiji dan dicincang
- 2 biji tomato plum masak, dibiji dan dicincang
- 1 cawan nanas segar atau dalam tin yang dicincang
- 2 sudu besar kicap
- 1/4 cawan air
- 2 sudu teh jus limau nipis segar
- 1 sudu besar pasli segar cincang, untuk hiasan

Dalam mangkuk cetek, satukan tepung jagung, thyme, marjoram, garam, cayenne, paprika, gula, dan lada sulah. Gaul sebati. Korek tauhu dalam campuran rempah, salut pada semua bahagian. Panaskan ketuhar hingga 250°F.

Dalam kuali besar, panaskan 2 sudu besar minyak di atas api sederhana. Masukkan tauhu yang dikorek, dalam kelompok jika perlu dan masak sehingga perang keemasan, kira-kira 4 minit setiap sisi. Pindahkan tauhu yang telah digoreng ke dalam pinggan tahan panas dan simpan dalam ketuhar.

Dalam kuali yang sama, panaskan baki 1 sudu besar minyak di atas api sederhana. Masukkan lada benggala, bawang hijau, bawang putih, dan jalapeño. Tutup dan masak, kacau sekali-sekala, sehingga lembut, kira-kira 10 minit. Masukkan tomato, nanas, kicap, air, dan jus limau nipis dan renehkan sehingga campuran panas dan rasa telah bergabung, kira-kira 5 minit. Sudukan adunan sayur ke atas tauhu goreng itu. Taburkan pasli cincang dan hidangkan segera.

27. Tauhu Halia dengan Sos Citrus-Hoisin

Membuat 4 hidangan

- 1 paun tauhu lebih pejal, toskan, ditepuk kering, dan potong $^{1}/_{2}$ inci kiub
- 2 sudu besar kicap
- 2 sudu besar ditambah 1 sudu teh tepung jagung
- 1 sudu besar ditambah 1 sudu teh canola atau minyak biji anggur
- 1 sudu teh minyak bijan panggang
- 2 sudu teh halia segar parut
- bawang hijau, cincang
- $^{1}/_{3}$ cawan sos hoisin
- $^{1}/_{2}$ cawan sup sayur, buatan sendiri (lihat Sup Sayur Ringan) atau dibeli di kedai
- $^{1}/_{4}$ cawan jus oren segar
- 1 $^{1}/_{2}$ sudu besar jus limau nipis segar
- 1 $^{1}/_{2}$ sudu besar jus lemon segar
- Garam dan lada hitam yang baru dikisar

Letakkan tauhu dalam mangkuk cetek. Masukkan kicap dan gaul hingga berbalut, kemudian taburkan 2 sudu besar tepung jagung dan toskan hingga rata.

Dalam kuali besar, panaskan 1 sudu besar minyak kanola di atas api sederhana. Masukkan tauhu dan masak sehingga perang keemasan, putar sekali-sekala, kira-kira 10 minit. Keluarkan tauhu dari kuali dan ketepikan.

Dalam kuali yang sama, panaskan baki 1 sudu teh minyak canola dan minyak bijan di atas api sederhana. Masukkan halia dan bawang hijau dan masak sehingga wangi, kira-kira 1 minit. Masukkan sos hoisin, sup, dan jus oren dan biarkan mendidih. Masak sehingga cecair berkurangan sedikit dan perisa mempunyai peluang untuk meleleh, kira-kira 3 minit. Dalam mangkuk kecil, satukan baki 1 sudu teh tepung jagung dengan jus limau nipis dan jus lemon dan masukkan ke dalam sos, kacau hingga pekat sedikit. Perasakan dengan garam dan lada sulah secukup rasa.

Kembalikan tauhu yang telah digoreng tadi ke dalam kuali dan masak sehingga bersalut sos dan dipanaskan. Hidangkan segera.

28. Tauhu dengan serai dan kacang salji

Membuat 4 hidangan

- 2 sudu besar minyak canola atau grapeseed
- 1 biji bawang merah sederhana, dibelah dua dan dihiris nipis
- 2 ulas bawang putih, dikisar
- 1 sudu teh halia segar parut
- paun tauhu lebih pejal, toskan dan potong dadu ½ inci
- 2 sudu besar kicap
- 1 sudu besar mirin atau sake
- 1 sudu teh gula
- ½ sudu teh lada merah ditumbuk
- 4 auns kacang salji, dipotong
- 1 sudu besar serai cincang atau kulit 1 lemon
- 2 sudu besar kacang tanah panggang tanpa garam yang dikisar kasar, untuk hiasan

Dalam kuali atau kuali besar, panaskan minyak di atas api yang sederhana tinggi. Masukkan bawang besar, bawang putih, dan halia dan tumis selama 2 minit. Masukkan tauhu dan masak sehingga perang keemasan, kira-kira 7 minit.

Masukkan kicap, mirin, gula, dan lada merah yang ditumbuk. Masukkan kacang salji dan serai dan tumis sehingga kacang salji menjadi garing-lembut dan rasa sebati, kira-kira 3 minit. Hiaskan dengan kacang tanah dan hidangkan segera.

29. Tauhu Bijan Berganda dengan Sos Tahini

Membuat 4 hidangan

- $^{1}/_{2}$ cawan tahini (pes bijan)
- 2 sudu besar jus lemon segar
- 2 sudu besar kicap
- 2 sudu besar air
- $^{1}/_{4}$ cawan bijan putih
- $^{1}/_{4}$ cawan bijan hitam
- $^{1}/_{2}$ cawan tepung jagung
- 1 paun tauhu lebih pejal, toskan, ditepuk kering, dan potong menjadi jalur $^{1}/_{2}$ inci
- Garam dan lada hitam yang baru dikisar
- 2 sudu besar minyak canola atau grapeseed

Dalam mangkuk kecil, satukan tahini, jus lemon, kicap, dan air, kacau untuk sebati. Mengetepikan.

Dalam mangkuk cetek, satukan bijan putih dan hitam serta tepung jagung, kacau hingga sebati. Perasakan tauhu dengan garam dan lada sulah secukup rasa. Mengetepikan.

Dalam kuali besar, panaskan minyak dengan api sederhana. Korek tauhu dalam bancuhan bijan sehingga bersalut dengan baik, kemudian masukkan ke dalam kuali panas dan masak sehingga keperangan dan garing di seluruh, pusingkan mengikut keperluan, 3 hingga 4 minit setiap sisi. Berhati-hati agar tidak membakar benih. Siram dengan sos tahini dan hidangkan segera.

30. Tauhu Dan Edamame Stew

Membuat 4 hidangan

- 2 sudu besar minyak zaitun
- 1 bawang kuning sederhana, dicincang
- $^1/_2$ cawan saderi cincang
- 2 ulas bawang putih, dikisar
- Gold sederhana, dikupas dan dipotong menjadi dadu ½ inci
- 1 cawan edamame segar atau beku yang dikupas
- 2 cawan zucchini yang dikupas dan dipotong dadu
- $^1/_2$ cawan kacang bayi beku
- 1 sudu teh gurih kering
- $^1/_2$ sudu teh sage kering hancur
- $^1/_8$ sudu teh cayenne kisar
- 1 $^1/_2$ cawan sup sayur, buatan sendiri (lihat Sup Sayur Ringan) atau Garam yang dibeli di kedai dan lada hitam yang baru dikisar
- 1 paun tauhu lebih pejal, toskan, ditepuk kering, dan potong dadu $^1/_2$ inci
- 2 sudu besar pasli segar cincang

Dalam periuk besar, panaskan 1 sudu besar minyak di atas api sederhana. Masukkan bawang besar, saderi, dan bawang putih. Tutup dan masak sehingga lembut, kira-kira 10 minit. Kacau dalam kentang, edamame, zucchini, kacang, pedas, bijak, dan cayenne. Masukkan air rebusan dan biarkan mendidih. Kecilkan api dan perasakan dengan garam dan lada sulah secukup rasa. Tutup dan renehkan sehingga sayur-sayuran lembut dan rasa sebati, kira-kira 40 minit.

Dalam kuali besar, panaskan baki 1 sudu besar minyak di atas api sederhana tinggi. Masukkan tauhu dan masak sehingga perang keemasan, kira-kira 7 minit. Perasakan dengan garam dan lada sulah secukup rasa dan ketepikan. Lebih kurang 10 minit sebelum rebusan selesai masak, masukkan tauhu goreng dan pasli. Rasa, sesuaikan perasa jika perlu, dan hidangkan segera.

31. Potongan Impian Soya-Tan

Membuat 6 hidangan

- 10 auns tauhu pejal, toskan dan hancur
- 2 sudu besar kicap
- $^{1}/_{4}$ sudu teh paprika manis
- $^{1}/_{4}$ sudu teh serbuk bawang
- $^{1}/_{4}$ sudu teh serbuk bawang putih
- $^{1}/_{4}$ sudu teh lada hitam yang baru dikisar
- 1 cawan tepung gluten gandum (gluten gandum penting)
- 2 sudu besar minyak zaitun

Dalam pemproses makanan, satukan tauhu, kicap, paprika, serbuk bawang, serbuk bawang putih, lada dan tepung. Proses sehingga sebati. Pindahkan campuran ke permukaan kerja yang rata dan bentukkan ke dalam silinder. Bahagikan adunan kepada 6 bahagian yang sama dan ratakan kepada potongan yang sangat nipis, tidak lebih daripada $^{1}/_{4}$ inci tebal. (Untuk melakukan ini, letakkan setiap potongan di antara dua keping kertas berlilin, balutan filem, atau kertas kertas dan gulung rata dengan pin penggulung.)

Dalam kuali besar, panaskan minyak dengan api sederhana. Masukkan potongan, dalam kelompok jika perlu, tutup, dan masak sehingga perang di kedua-dua belah, 5 hingga 6 minit setiap sisi. Potongan daging kini sedia untuk digunakan dalam resipi atau dihidangkan dengan segera, ditambah dengan sos.

32. My Kinda Meat Loaf

Membuat 4 hingga 6 hidangan

- 2 sudu besar minyak zaitun
- $^{2}/_{3}$ cawan bawang cincang
- 2 ulas bawang putih, dikisar
- 1 paun tauhu lebih pejal, toskan dan ditepuk kering
- 2 sudu besar sos tomato
- 2 sudu besar tahini (pes bijan) atau mentega kacang berkrim
- 2 sudu besar kicap
- $^{1}/_{2}$ cawan kenari kisar
- 1 cawan oat kuno
- 1 cawan tepung gluten gandum (gluten gandum penting)
- 2 sudu besar pasli segar cincang
- $^{1}/_{2}$ sudu teh garam
- $^{1}/_{2}$ sudu teh paprika manis
- $^{1}/_{4}$ sudu teh lada hitam yang baru dikisar

Panaskan ketuhar hingga 375°F. Minyak sedikit loyang 9 inci dan ketepikan. Dalam kuali besar, panaskan 1 sudu besar minyak di atas api sederhana. Masukkan bawang dan bawang putih, tutup, dan masak sehingga lembut, 5 minit.

Dalam pemproses makanan, satukan tauhu, sos tomato, tahini, dan kicap dan proses sehingga halus. Masukkan bancuhan bawang yang dikhaskan dan semua bahan yang tinggal. Denyut sehingga sebati, tetapi dengan sedikit tekstur yang tinggal.

Kikis adunan ke dalam kuali yang disediakan. Tekan adunan dengan kuat ke dalam kuali, ratakan bahagian atasnya. Bakar sehingga pejal dan perang keemasan, kira-kira 1 jam. Biarkan selama 10 minit sebelum dihiris.

33. Roti bakar Perancis sangat Vanila

Membuat 4 hidangan

1 bungkusan (12 auns) tauhu sutera pejal, toskan
$1\ ^{1}/_{2}$ cawan susu soya
2 sudu besar tepung jagung
1 sudu besar kanola atau minyak biji anggur
2 sudu teh gula
$1\ ^{1}/_{2}$ sudu teh ekstrak vanila tulen
$^{1}/_{4}$ sudu teh garam
4 keping roti Itali berusia sehari
Canola atau minyak biji anggur, untuk menggoreng

Panaskan ketuhar hingga 225°F. Dalam pengisar atau pemproses makanan, satukan tauhu, susu soya, tepung jagung, minyak, gula, vanila dan garam dan kisar sehingga rata.

Tuangkan adunan ke dalam mangkuk cetek dan celupkan roti ke dalam adunan, pusingkan untuk melapisi kedua-dua belah.

Pada griddle atau kuali besar, panaskan lapisan nipis minyak di atas api sederhana. Letakkan roti bakar Perancis di atas griddle panas dan masak sehingga perang keemasan di kedua-dua belah, pusing sekali, 3 hingga 4 minit setiap sisi.

Pindahkan roti bakar Perancis yang telah dimasak ke dalam pinggan kalis haba dan panaskan di dalam ketuhar semasa memasak yang lain.

34. Sarapan Sesame-Soya Spread

Membuat kira-kira 1 cawan

$^1/_2$ cawan tauhu lembut, toskan dan ditepuk kering
2 sudu besar tahini (pes bijan)
2 sudu besar yis pemakanan
1 sudu besar jus lemon segar
2 sudu teh minyak biji rami
1 sudu teh minyak bijan panggang
$^1/_2$ sudu teh garam

Dalam pengisar atau pemproses makanan, satukan semua bahan dan kisar sehingga rata. Kikis adunan ke dalam mangkuk kecil, tutup, dan sejukkan selama beberapa jam untuk memperdalam rasa. Disimpan dengan betul, ia akan disimpan sehingga 3 hari.

35. Radiator Dengan Sos Aurora

Membuat 4 hidangan

- 1 sudu besar minyak zaitun
- 3 ulas bawang putih, dikisar
- 3 biji bawang hijau, dikisar
- (28-auns) boleh dihancurkan tomato
- 1 sudu teh selasih kering
- $^{1}/_{2}$ sudu teh marjoram kering
- 1 sudu teh garam
- $^{1}/_{4}$ sudu teh lada hitam yang baru dikisar
- $^{1}/_{3}$ cawan keju krim vegan atau tauhu lembut yang dikeringkan
- 1 paun radiatore atau pasta berbentuk kecil yang lain
- 2 sudu besar pasli segar cincang, untuk hiasan

Dalam periuk besar, panaskan minyak dengan api sederhana. Masukkan bawang putih dan bawang hijau dan masak sehingga wangi, 1 minit. Masukkan tomato, basil, marjoram, garam, dan lada sulah. Didihkan sos, kemudian kecilkan api dan reneh selama 15 minit, kacau sekali-sekala.

Dalam pemproses makanan, campurkan keju krim sehingga licin. Masukkan 2 cawan sos tomato dan gaul hingga rata. Kikis adunan tauhu-tomato kembali ke dalam periuk bersama sos tomato, kacau hingga sebati. Rasa, sesuaikan perasa jika perlu. Pastikan hangat dengan api yang perlahan.

Dalam periuk besar air masin mendidih, masak pasta di atas api sederhana tinggi, kacau sekali-sekala, sehingga al dente, kira-kira 10 minit. Toskan dengan baik dan pindahkan ke mangkuk hidangan besar. Masukkan sos dan kacau perlahan-lahan hingga sebati. Taburkan dengan pasli dan hidangkan segera.

36. Lasagna Tauhu Klasik

Membuat 6 hidangan

- 12 auns mi lasagna
- 1 paun tauhu pejal, toskan dan hancur
- 1 paun tauhu lembut, toskan dan hancur
- 2 sudu besar yis pemakanan
- 1 sudu teh jus lemon segar
- 1 sudu teh garam
- $^{1}/_{4}$ sudu teh lada hitam yang baru dikisar
- 3 sudu besar pasli segar cincang
- $^{1}/_{2}$ cawan vegan Parmesan atau Parmasio
- 4 cawan sos marinara, buatan sendiri (lihat Sos Marinara) atau dibeli di kedai

Dalam periuk air masin mendidih, masak mi di atas api sederhana tinggi, kacau sekali-sekala sehingga al dente, kira-kira 7 minit. Panaskan ketuhar hingga 350°F. Dalam mangkuk besar, satukan tauhu yang padat dan lembut. Tambah yis pemakanan, jus lemon, garam, lada, pasli, dan $^{1}/_{4}$ cawan Parmesan. Gaul hingga sebati.

Sudukan lapisan sos tomato ke bahagian bawah loyang 9 x 13 inci. Teratas dengan lapisan mee yang telah dimasak. Ratakan separuh adunan tauhu ke atas mee. Ulang dengan lapisan mi lagi diikuti dengan lapisan sos. Sapukan baki adunan tauhu di atas sos dan selesaikan dengan lapisan terakhir mee dan sos. Taburkan dengan baki $^{1}/_{4}$ cawan Parmesan. Jika masih ada sos, simpan dan hidangkan panas dalam mangkuk bersama lasagna.

Tutup dengan foil dan bakar selama 45 minit.
Tanggalkan penutup dan bakar 10 minit lebih lama.
Biarkan selama 10 minit sebelum dihidangkan.

37. Chard Merah dan Lasagna Bayam

Membuat 6 hidangan

- 12 auns mi lasagna
- 1 sudu besar minyak zaitun
- 2 ulas bawang putih, dikisar
- 8 auns chard merah segar, batang yang keras dikeluarkan dan dicincang kasar
- 9 auns bayi bayam segar, dicincang kasar
- 1 paun tauhu pejal, toskan dan hancur
- 1 paun tauhu lembut, toskan dan hancur
- 2 sudu besar yis pemakanan
- 1 sudu teh jus lemon segar
- 2 sudu besar pasli daun rata segar yang dicincang
- 1 sudu teh garam
- $^{1}/_{4}$ sudu teh lada hitam yang baru dikisar
- 3 $^{1}/_{2}$ cawan sos marinara, buatan sendiri atau dibeli di kedai

Dalam periuk air masin mendidih, masak mi di atas api sederhana tinggi, kacau sekali-sekala sehingga al dente, kira-kira 7 minit. Panaskan ketuhar hingga 350°F.

Dalam periuk besar, panaskan minyak dengan api sederhana. Masukkan bawang putih dan masak sehingga naik bau. Masukkan chard dan masak, kacau sehingga layu, kira-kira 5 minit. Masukkan bayam dan teruskan masak, kacau sehingga layu, kira-kira 5 minit lagi. Tutup dan masak sehingga lembut, kira-kira 3 minit. Buka tutup dan ketepikan untuk menyejukkan. Apabila cukup sejuk untuk dikendalikan, toskan baki lembapan dari sayur-sayuran, tekan dengan sudu besar untuk memerah sebarang cecair yang berlebihan. Letakkan sayur-sayuran dalam mangkuk besar. Tambah tauhu, yis pemakanan, jus lemon, pasli, garam dan lada sulah. Gaul hingga sebati.

Sudukan lapisan sos tomato ke bahagian bawah loyang 9 x 13 inci. Teratas dengan lapisan mi. Ratakan separuh adunan tauhu ke atas mee. Ulang dengan lapisan mi lagi dan lapisan sos. Sapukan adunan tauhu yang tinggal di atas sos dan selesaikan dengan lapisan terakhir mi, sos, dan atas dengan Parmesan.

Tutup dengan foil dan bakar selama 45 minit. Tanggalkan penutup dan bakar 10 minit lebih lama. Biarkan selama 10 minit sebelum dihidangkan.

38. Lasagna Sayur Panggang

Membuat 6 hidangan

- 1 zucchini sederhana, potong $^{1}/_{4}$ inci kepingan
- 1 biji terung sederhana, potong $^{1}/_{4}$ inci kepingan
- 1 lada benggala merah sederhana, dipotong dadu
- 2 sudu besar minyak zaitun
- Garam dan lada hitam yang baru dikisar
- 8 auns mi lasagna
- 1 paun tauhu pejal, toskan, ditepuk kering dan hancur
- 1 paun tauhu lembut, toskan, ditepuk kering dan hancur
- 2 sudu besar yis pemakanan
- 2 sudu besar pasli daun rata segar yang dicincang
- 3 $^{1}/_{2}$ cawan sos marinara, buatan sendiri (lihat Sos Marinara) atau dibeli di kedai

Panaskan ketuhar hingga 425°F. Sapukan zucchini, terung dan lada benggala di atas loyang 9 x 13 inci yang telah disapu sedikit minyak. Lumurkan dengan minyak dan perasakan dengan garam dan lada hitam secukup rasa. Panggang sayur-sayuran sehingga lembut dan berwarna perang, kira-kira 20 minit. Keluarkan dari ketuhar dan ketepikan sehingga sejuk. Turunkan suhu ketuhar kepada 350°F.

Dalam periuk air masin mendidih, masak mi di atas api sederhana tinggi, kacau sekali-sekala sehingga al dente, kira-kira 7 minit. Toskan dan ketepikan. Dalam mangkuk besar, gabungkan tauhu dengan yis pemakanan, pasli, dan garam dan lada secukup rasa. Gaul sebati.

Untuk memasang, sapukan lapisan sos tomato di bahagian bawah hidangan pembakar 9 x 13 inci. Atas sos dengan lapisan mi. Hiaskan mi dengan separuh daripada sayur-sayuran panggang kemudian sapukan separuh adunan tauhu ke atas sayur-sayuran. Ulangi dengan lapisan mi yang lain, dan tutup dengan lebih banyak sos. Ulangi proses melapis dengan baki sayur-sayuran dan adunan tauhu, berakhir dengan lapisan mi dan sos. Taburkan Parmesan di atas.

Tutup dan bakar selama 45 minit. Keluarkan penutup dan bakar lagi 10 minit. Keluarkan dari ketuhar dan biarkan selama 10 minit sebelum dipotong.

39. Lasagna dengan Radicchio dan Cendawan

Membuat 6 hidangan

- 1 sudu besar minyak zaitun
- 2 ulas bawang putih, dikisar
- 1 radicchio kepala kecil, dicincang
- 8 auns cendawan cremini, dibilas ringan, ditepuk kering dan dihiris nipis
- Garam dan lada hitam yang baru dikisar
- 8 auns mi lasagna
- 1 paun tauhu pejal, toskan, ditepuk kering dan hancur
- 1 paun tauhu lembut, toskan, ditepuk kering dan hancur
- 3 sudu besar yis pemakanan
- 2 sudu besar pasli segar cincang
- 3 cawan sos marinara, buatan sendiri (lihat Sos Marinara) atau dibeli di kedai

Dalam kuali besar, panaskan minyak dengan api sederhana. Masukkan bawang putih, radicchio, dan cendawan. Tutup dan masak, kacau sekali-sekala, sehingga lembut, kira-kira 10 minit. Perasakan dengan garam dan lada sulah secukup rasa dan ketepikan

Dalam periuk air masin mendidih, masak mi di atas api sederhana tinggi, kacau sekali-sekala sehingga al dente, kira-kira 7 minit. Toskan dan ketepikan. Panaskan ketuhar hingga 350°F.

Dalam mangkuk besar, satukan tauhu yang padat dan lembut. Masukkan yis pemakanan dan pasli dan gaul sehingga sebati. Campurkan campuran radicchio dan cendawan dan perasakan dengan garam dan lada sulah secukup rasa.

Sudukan lapisan sos tomato ke bahagian bawah loyang 9 x 13 inci. Teratas dengan lapisan mi. Ratakan separuh adunan tauhu ke atas mee. Ulang dengan lapisan mi lagi diikuti dengan lapisan sos. Sapukan baki adunan tauhu di atas dan selesaikan dengan lapisan terakhir mee dan sos. Taburkan bahagian atas dengan walnut yang dikisar.

Tutup dengan foil dan bakar selama 45 minit. Tanggalkan penutup dan bakar 10 minit lebih lama. Biarkan selama 10 minit sebelum dihidangkan.

40. Lasagna Primavera

Membuat 6 hingga 8 hidangan

- 8 auns mi lasagna
- 2 sudu besar minyak zaitun
- 1 bawang kuning kecil, dicincang
- 3 ulas bawang putih, dikisar
- 6 auns tauhu sutera, toskan
- 3 cawan susu soya tanpa gula biasa
- 3 sudu besar yis pemakanan
- $^{1}/_{8}$ sudu teh pala dikisar
- Garam dan lada hitam yang baru dikisar
- 2 cawan kuntum brokoli dicincang
- 2 lobak merah sederhana, dicincang
- 1 zucchini kecil, dibelah dua atau dibelah empat memanjang dan dipotong menjadi kepingan $^{1}/_{4}$ inci
- 1 lada benggala merah sederhana, dicincang
- 2 paun tauhu pejal, toskan dan ditepuk kering
- 2 sudu besar pasli daun rata segar yang dicincang
- $^{1}/_{2}$ cawan vegan Parmesan atau Parmasio
- $^{1}/_{2}$ cawan badam kisar atau kacang pain

Panaskan ketuhar hingga 350°F. Dalam periuk air masin mendidih, masak mi di atas api sederhana tinggi, kacau sekali-sekala sehingga al dente, kira-kira 7 minit. Toskan dan ketepikan.

Dalam kuali kecil, panaskan minyak dengan api sederhana. Masukkan bawang merah dan bawang putih, tutup, dan masak sehingga lembut, kira-kira 5 minit. Pindahkan campuran bawang ke dalam pengisar. Masukkan tauhu sutera, susu soya, yis pemakanan, buah pala, dan garam dan lada sulah secukup rasa. Kisar hingga rata dan ketepikan.

Kukus brokoli, lobak merah, zucchini, dan lada benggala sehingga empuk. Keluarkan dari haba. Hancurkan tauhu pejal ke dalam mangkuk besar. Masukkan pasli dan $^{1}/_{4}$ cawan Parmesan dan perasakan dengan garam lada dua kunci. Gaul hingga sebati. Kacau dalam sayur-sayuran kukus dan gaul rata, tambah lebih banyak garam dan lada, jika perlu.

Sudukan lapisan sos putih ke bahagian bawah loyang 9 x 13 inci yang telah disapu minyak. Teratas dengan lapisan mi. Ratakan separuh adunan tauhu dan sayur ke atas mi. Ulangi dengan lapisan mi yang lain, diikuti dengan lapisan sos. Sapukan baki adunan tauhu di atas dan akhiri dengan lapisan terakhir mi dan sos, berakhir dengan baki $^{1}/_{4}$ cawan Parmesan. Tutup dengan foil dan bakar selama 45 minit

41. Lasagna Habbatus Sauda dan Labu

Membuat 6 hingga 8 hidangan

- 12 mi lasagna
- 1 sudu besar minyak zaitun
- 1 bawang kuning sederhana, dicincang
- 1 lada benggala merah sederhana, dicincang
- 2 ulas bawang putih, dikisar
- $1\,{}^{1}/_{2}$ cawan yang dimasak atau 1 (15.5-auns) kacang hitam tin, toskan dan bilas
- (14.5-auns) boleh dihancurkan tomato
- 2 sudu kecil serbuk cili
- Garam dan lada hitam yang baru dikisar
- 1 paun tauhu pejal, toskan dengan baik
- 3 sudu besar pasli segar atau ketumbar cincang
- 1 (16 auns) tin puri labu
- 3 cawan tomato salsa, buatan sendiri (lihat Fresh Tomato Salsa) atau yang dibeli di kedai

Dalam periuk air masin mendidih, masak mi di atas api sederhana tinggi, kacau sekali-sekala sehingga al dente, kira-kira 7 minit. Toskan dan ketepikan. Panaskan ketuhar hingga 375°F.

Dalam kuali besar, panaskan minyak dengan api sederhana. Masukkan bawang, tutup, dan masak sehingga lembut. Masukkan lada benggala dan bawang putih dan masak sehingga lembut, 5 minit lagi. Masukkan kacang, tomato, 1 sudu teh serbuk cili, dan garam dan lada hitam secukup rasa. Gaul rata dan ketepikan.

Dalam mangkuk besar, satukan tauhu, pasli, baki 1 sudu teh serbuk cili, dan garam dan lada hitam secukup rasa. Mengetepikan. Dalam mangkuk sederhana, gabungkan labu dengan salsa dan kacau untuk sebati. Perasakan dengan garam dan lada sulah secukup rasa.

Sapukan kira-kira ¾ cawan campuran labu di bahagian bawah hidangan pembakar 9 x 13 inci. Teratas dengan 4 daripada mee. Teratas dengan separuh adunan kacang, diikuti separuh adunan tauhu. Teratas dengan empat mee, diikuti dengan lapisan campuran labu, kemudian campuran kacang yang tinggal, di atasnya dengan baki mi. Sapukan baki adunan tauhu ke atas mi, diikuti dengan baki adunan labu, ratakan ke tepi kuali.

Tutup dengan foil dan bakar sehingga panas dan berbuih, kira-kira 50 minit. Buka tutup, taburkan dengan biji labu, dan biarkan selama 10 minit sebelum dihidangkan.

42. Manicotti Sumbat Chard

Membuat 4 hidangan

- 12 manicotti
- 3 sudu besar minyak zaitun
- 1 biji bawang kecil, dikisar
- 1 tandan sederhana Swiss chard, batang keras dipotong dan dicincang
- 1 paun tauhu pejal, toskan dan hancur
- Garam dan lada hitam yang baru dikisar
- 1 cawan gajus mentah
- 3 cawan susu soya tanpa gula biasa
- $^{1}/_{8}$ sudu teh pala dikisar
- $^{1}/_{8}$ sudu teh cayenne kisar
- 1 cawan serbuk roti kering tanpa perasa

Panaskan ketuhar hingga 350°F. Minyak sedikit loyang 9 x 13 inci dan ketepikan.

Dalam periuk air masin mendidih, masak manicotti di atas api sederhana tinggi, kacau sekali-sekala, sehingga al dente, kira-kira 8 minit. Toskan dengan baik dan jalankan di bawah air sejuk. Mengetepikan.

Dalam kuali besar, panaskan 1 sudu besar minyak di atas api sederhana. Masukkan bawang, tutup, dan masak sehingga lembut kira-kira 5 minit. Masukkan chard, tutup, dan masak sehingga chard lembut, kacau sekali-sekala, kira-kira 10 minit. Angkat dari api dan masukkan tauhu, kacau hingga sebati. Perasakan dengan garam dan lada sulah secukup rasa dan ketepikan.

Dalam pengisar atau pemproses makanan, kisar gajus hingga menjadi serbuk. Tambah $1\ ^{1}/_{2}$ cawan susu soya, buah pala, cayenne, dan garam secukup rasa. Kisar hingga sebati. Masukkan baki $1\ ^{1}/_{2}$ cawan susu soya dan gaul sehingga berkrim. Rasa, sesuaikan perasa jika perlu.

Sapukan lapisan sos di bahagian bawah hidangan pembakar yang disediakan. Pek kira-kira $^{1}/_{3}$ cawan pemadat chard ke dalam manicotti. Susun manicotti yang disumbat dalam satu lapisan dalam loyang. Sudukan baki sos ke atas manicotti. Dalam mangkuk kecil, satukan serbuk roti dan baki 2 sudu besar minyak dan taburkan ke atas manicotti. Tutup dengan foil dan bakar sehingga panas dan berbuih, kira-kira 30 minit. Hidangkan segera

43. Bayam Manicotti

Membuat 4 hidangan

- 12 manicotti
- 1 sudu besar minyak zaitun
- 2 bawang merah sederhana, dicincang
- 2 (10-auns) bungkusan bayam cincang beku, dicairkan
- 1 paun tauhu lebih pejal, toskan dan hancur
- 1/4 sudu teh buah pala yang dikisar
- Garam dan lada hitam yang baru dikisar
- 1 cawan kepingan walnut panggang
- 1 cawan tauhu lembut, toskan dan hancur
- 1/4 cawan yis pemakanan
- 2 cawan susu soya tanpa gula biasa
- 1 cawan serbuk roti kering

Panaskan ketuhar hingga 350°F. Minyak sedikit loyang 9 x 13 inci. Dalam periuk air masin mendidih, masak manicotti di atas api sederhana tinggi, kacau sekali-sekala, sehingga al dente, kira-kira 10 minit. Toskan dengan baik dan jalankan di bawah air sejuk. Mengetepikan.

Dalam kuali besar, panaskan minyak dengan api sederhana. Masukkan bawang merah dan masak sehingga lembut, kira-kira 5 minit. Perah bayam untuk mengeluarkan sebanyak mungkin cecair dan masukkan ke dalam bawang merah. Perasakan dengan pala dan garam dan lada sulah secukup rasa, dan masak selama 5 minit, kacau untuk menggabungkan rasa. Masukkan tauhu yang lebih pejal dan kacau hingga sebati. Mengetepikan.

Dalam pemproses makanan, proseskan walnut sehingga dikisar halus. Masukkan tauhu lembut, yis pemakanan, susu soya, dan garam dan lada sulah secukup rasa. Proses sehingga halus.

Sapukan lapisan sos walnut di bahagian bawah hidangan pembakar yang disediakan. Isi manicotti dengan pemadat. Susun manicotti yang disumbat dalam satu lapisan dalam loyang. Sudukan baki sos di atas. Tutup dengan foil dan bakar sehingga panas, kira-kira 30 minit. Buka tutup, taburkan serbuk roti, dan bakar 10 minit lagi hingga bahagian atasnya berwarna perang. Hidangkan segera

44. Lasagna Pinwheels

Membuat 4 hidangan

- 12 mi lasagna
- 4 cawan bayam segar yang dibungkus ringan
- 1 cawan kacang putih yang dimasak atau dalam tin, toskan dan bilas
- 1 paun tauhu pejal, toskan dan ditepuk kering
- $^{1}/_{2}$ sudu teh garam
- $^{1}/_{4}$ sudu teh lada hitam yang baru dikisar
- $^{1}/_{8}$ sudu teh pala dikisar
- 3 cawan sos marinara, buatan sendiri (lihat Sos Marinara) atau dibeli di kedai

Panaskan ketuhar hingga 350°F. Dalam periuk air masin mendidih, masak mi di atas api sederhana tinggi, kacau sekali-sekala, sehingga al dente, kira-kira 7 minit.

Letakkan bayam dalam hidangan boleh microwave dengan 1 sudu air. Tutup dan microwave selama 1 minit sehingga layu. Keluarkan dari mangkuk, perah sebarang cecair yang tinggal. Pindahkan bayam ke pemproses makanan dan nadi untuk dicincang. Masukkan kacang, tauhu, garam, dan lada sulah dan proses sehingga sebati. Mengetepikan.

Untuk memasang kincir, letakkan mi di atas permukaan kerja yang rata. Sapukan kira-kira 3 sudu besar adunan tauhu-bayam ke atas permukaan setiap mee dan gulung. Ulangi dengan bahan yang tinggal. Sapukan lapisan sos tomato di bahagian bawah hidangan kaserol cetek. Letakkan gulungan tegak di atas sos dan sudukan sebahagian daripada sos yang tinggal pada setiap kincir.

Tutup dengan foil dan bakar selama 30 minit.
Hidangkan segera.

45. Labu Ravioli dengan Peas

Membuat 4 hidangan

- 1 cawan puri labu dalam tin
- $^{1}/_{2}$ cawan tauhu lebih pejal, toskan dan hancur
- 2 sudu besar pasli segar cincang
- Cubit buah pala yang dikisar
- Garam dan lada hitam yang baru dikisar
- 1 resipi Doh Pasta Tanpa Telur
- 2 atau 3 bawang merah sederhana, dibelah dua memanjang dan dipotong menjadi kepingan $^{1}/_{4}$ inci
- 1 cawan kacang bayi beku, dicairkan

Gunakan tuala kertas untuk menghilangkan cecair yang berlebihan daripada labu dan tauhu, kemudian gabungkan dalam pemproses makanan dengan yis pemakanan, pasli, buah pala, serta garam dan lada secukup rasa. Mengetepikan.

Untuk membuat ravioli, gulungkan doh pasta dengan nipis di atas permukaan yang ditaburi sedikit tepung. Potong doh ke dalam

Jalur lebar 2 inci. Letakkan 1 sudu kecil pemadat pada 1 jalur pasta, kira-kira 1 inci dari atas. Letakkan satu sudu teh inti pada jalur pasta, kira-kira satu inci di bawah sudu pertama inti. Ulangi sepanjang keseluruhan jalur doh. Basahkan sedikit bahagian tepi doh dengan air dan letakkan jalur kedua pasta di atas yang pertama, menutupi inti. Tekan dua lapisan doh bersama antara bahagian inti. Gunakan pisau untuk memotong bahagian tepi doh supaya lurus, kemudian potong doh di antara setiap timbunan inti untuk membuat ravioli segi empat sama. Pastikan anda menekan poket udara di sekeliling isian sebelum mengelak. Gunakan garpu untuk menekan di sepanjang tepi doh untuk menutup ravioli. Pindahkan ravioli ke pinggan tepung dan ulangi dengan baki doh dan sos. Mengetepikan.

Dalam kuali besar, panaskan minyak dengan api sederhana. Masukkan bawang merah dan masak, kacau sekali-sekala, sehingga bawang merah berwarna perang keemasan tetapi tidak hangus, kira-kira 15 minit. Kacau kacang dan perasakan dengan garam dan lada sulah secukup rasa. Pastikan panas dengan api yang sangat perlahan.

Dalam periuk besar air masin mendidih, masak ravioli sehingga mereka terapung ke atas, kira-kira 5 minit. Toskan dengan baik dan pindahkan ke kuali bersama bawang merah dan kacang. Masak selama satu atau dua minit untuk mencampurkan rasa, kemudian pindahkan ke mangkuk hidangan yang besar. Perasakan dengan banyak lada dan hidangkan segera.

46. Ravioli Artichoke-Walnut

Membuat 4 hidangan

- $\frac{1}{3}$ cawan ditambah 2 sudu besar minyak zaitun
- 3 ulas bawang putih, dikisar
- 1 (10-auns) bungkusan bayam beku, dicairkan dan diperah kering
- 1 cawan hati articok beku, dicairkan dan dicincang
- $\frac{1}{3}$ cawan tauhu pejal, toskan dan hancur
- 1 cawan kepingan walnut panggang
- $\frac{1}{4}$ cawan pasli segar yang dibungkus padat
- Garam dan lada hitam yang baru dikisar
- 1 resipi Doh Pasta Tanpa Telur
- 12 helai daun bijak segar

Dalam kuali besar, panaskan 2 sudu besar minyak di atas api sederhana. Masukkan bawang putih, bayam, dan hati articok. Tutup dan masak sehingga bawang putih lembut dan cecair diserap, kira-kira 3 minit, kacau sekali-sekala. Pindahkan campuran ke pemproses makanan. Masukkan tauhu, $\frac{1}{4}$ cawan walnut, pasli, dan garam dan lada secukup rasa. Proses hingga dikisar dan sebati.

Ketepikan untuk sejuk.

Untuk membuat ravioli, canai doh dengan sangat nipis (kira-kira $\frac{1}{8}$ inci) di atas permukaan yang ditaburi sedikit tepung dan potong menjadi jalur selebar 2 inci. Letakkan 1 sudu kecil pemadat pada jalur pasta, kira-kira 1 inci dari atas. Letakkan satu sudu teh inti pada jalur pasta, kira-kira 1 inci di bawah sudu pertama inti. Ulangi sepanjang keseluruhan jalur doh.

Basahkan sedikit bahagian tepi doh dengan air dan letakkan jalur kedua pasta di atas yang pertama, menutupi inti.

Tekan dua lapisan doh bersama antara bahagian inti. Gunakan pisau untuk memangkas bahagian tepi doh supaya lurus, dan kemudian potong doh di antara setiap timbunan inti untuk membuat ravioli persegi. Gunakan garpu untuk menekan di sepanjang tepi doh untuk menutup ravioli. Pindahkan ravioli ke dalam pinggan yang ditaburi tepung dan ulangi dengan baki doh dan inti.

Masak ravioli dalam periuk besar air masin mendidih sehingga mereka terapung ke atas, kira-kira 7 minit. Toskan sebati dan ketepikan. Dalam kuali besar, panaskan baki 1/3 cawan minyak di atas api sederhana. Tambah sage dan baki ¾ cawan walnut dan masak sehingga sage menjadi garing dan walnut menjadi wangi.

Masukkan ravioli yang telah dimasak dan masak, kacau perlahan-lahan, untuk disalut dengan sos dan panaskan. Hidangkan segera.

47. Tortellini dengan Sos Oren

Membuat 4 hidangan

- 1 sudu besar minyak zaitun
- 3 ulas bawang putih, dikisar halus
- 1 cawan tauhu pejal, toskan dan hancur
- ¾ cawan pasli segar yang dicincang
- $^{1}/_{4}$ cawan vegan Parmesan atau Parmasio
- Garam dan lada hitam yang baru dikisar
- 1 resipi Doh Pasta Tanpa Telur
- 2 $^{1}/_{2}$ cawan sos marinara, buatan sendiri (lihat Sos Marinara) atau Zest 1 oren yang dibeli di kedai
- $^{1}/_{2}$ sudu teh lada merah ditumbuk
- $^{1}/_{2}$ cawan krimer soya atau susu soya tanpa gula biasa

Dalam kuali besar, panaskan minyak dengan api sederhana. Masukkan bawang putih dan masak sehingga lembut, kira-kira 1 minit. Masukkan tauhu, pasli, Parmesan, dan garam serta lada hitam secukup rasa. Gaul hingga sebati. Ketepikan untuk sejuk.

Untuk membuat tortellini, canai doh dengan nipis (kira-kira $^{1}/_{8}$ inci) dan potong 2 $^{1}/_{2}$ inci segi empat sama. tempat

1 sudu teh pemadat hanya di tengah dan lipat satu sudut petak pasta di atas pemadat untuk membentuk segi tiga. Tekan tepi bersama-sama untuk mengelak, kemudian balut segi tiga, titik tengah ke bawah, di sekeliling jari telunjuk anda, tekan hujung bersama-sama supaya ia melekat. Lipat ke bawah titik segi tiga dan luncurkan jari anda. Ketepikan di atas pinggan yang ditaburi sedikit tepung dan teruskan dengan baki doh dan inti.

Dalam periuk besar, satukan sos marinara, kulit oren, dan lada merah yang dihancurkan. Panaskan sehingga panas, kemudian masukkan krimer soya dan panaskan dengan api yang sangat perlahan.

Dalam periuk air masin mendidih, masak tortellini sehingga ia terapung ke atas, kira-kira 5 minit. Toskan dengan baik dan pindahkan ke mangkuk hidangan besar. Masukkan sos dan kacau perlahan-lahan hingga sebati. Hidangkan segera.

48. Sayur Lo Mein Dengan Tauhu

Membuat 4 hidangan

- 12 auns linguine
- 1 sudu besar minyak bijan bakar
- 3 sudu besar kicap
- 2 sudu besar sherry kering
- 1 sudu besar air
- Secubit gula
- 1 sudu besar tepung jagung
- 2 sudu besar minyak canola atau grapeseed
- 1 paun tauhu lebih pejal, toskan dan potong dadu
- 1 biji bawang sederhana, dibelah dua dan dihiris nipis
- 3 cawan bunga brokoli kecil
- 1 lobak merah sederhana, potong $^{1}/_{4}$ inci kepingan
- 1 cawan hirisan shiitake segar atau cendawan putih
- 2 ulas bawang putih, dikisar
- 2 sudu teh halia segar parut
- 2 bawang hijau, dicincang

Dalam periuk besar air masin mendidih, masak linguine, kacau sekali-sekala, sehingga lembut, kira-kira 10 minit. Toskan dengan baik dan pindahkan ke mangkuk. Tambah 1 sudu teh minyak bijan dan toskan hingga menyalut. Mengetepikan.

Dalam mangkuk kecil, satukan kicap, sherry, air, gula, dan baki 2 sudu teh minyak bijan. Masukkan tepung jagung dan kacau hingga larut. Mengetepikan.

Dalam kuali atau kuali besar, panaskan 1 sudu besar kanola di atas api yang sederhana tinggi. Masukkan tauhu dan masak sehingga perang keemasan, kira-kira 10 minit. Keluarkan dari kuali dan ketepikan.

Panaskan semula baki minyak kanola dalam kuali yang sama. Masukkan bawang, brokoli, dan lobak merah dan tumis sehingga lembut, kira-kira 7 minit. Masukkan cendawan, bawang putih, halia, dan bawang hijau dan tumis selama 2 minit. Masukkan sos dan linguine yang telah dimasak tadi dan gaul sehingga sebati. Masak sehingga dipanaskan. Rasa, sesuaikan perasa dan tambah lagi kicap jika perlu. Hidangkan segera.

49. Pad Thai

Membuat 4 hidangan

- 12 auns mi beras kering
- $^{1}/_{3}$ cawan kicap
- 2 sudu besar jus limau nipis segar
- 2 sudu besar gula perang ringan
- 1 sudu besar pes asam jawa (lihat nota kepala)
- 1 sudu besar pes tomato
- 3 sudu besar air
- $^{1}/_{2}$ sudu teh lada merah ditumbuk
- 3 sudu besar minyak canola atau grapeseed
- 1 paun tauhu lebih pejal, toskan, ditekan (lihat Tauhu), dan potong dadu $^{1}/_{2}$ inci
- 4 biji bawang hijau, dikisar
- 2 ulas bawang putih, dikisar
- $^{1}/_{3}$ cawan kacang tanah tanpa garam panggang kering yang dicincang kasar
- 1 cawan taugeh, untuk hiasan
- 1 biji limau purut, potong serong, untuk hiasan

Rendam mee dalam mangkuk besar berisi air panas sehingga lembut, 5 hingga 15 minit, bergantung pada ketebalan mi. Toskan dengan baik dan bilas di bawah air sejuk. Pindahkan mee toskan ke dalam mangkuk besar dan ketepikan.

Dalam mangkuk kecil, satukan kicap, jus limau nipis, gula, pes asam jawa, pes tomato, air, dan lada merah yang dihancurkan. Kacau hingga sebati dan ketepikan.

Dalam kuali atau kuali besar, panaskan 2 sudu besar minyak di atas api sederhana. Masukkan tauhu dan tumis sehingga perang keemasan, kira-kira 5 minit. Pindahkan ke dalam pinggan dan ketepikan.

Dalam kuali atau kuali yang sama, panaskan baki 1 sudu besar minyak di atas api sederhana. Masukkan bawang besar dan tumis selama 1 minit. Masukkan bawang hijau dan bawang putih, tumis selama 30 saat, kemudian masukkan tauhu yang telah dimasak dan masak selama kira-kira 5 minit, tos sekali-sekala, sehingga perang keemasan. Masukkan mee yang telah dimasak dan gaul hingga sebati dan panaskan.

Kacau dalam sos dan masak, toskan hingga berbalut, tambah satu atau dua percikan air tambahan, jika perlu d, untuk mengelakkan melekat. Apabila mee panas dan lembut, letakkan di atas pinggan hidangan dan taburkan dengan kacang tanah dan ketumbar. Hiaskan dengan taugeh dan limau nipis di tepi pinggan. Hidangkan panas.

50. Spaghetti Mabuk dengan Tauhu

Membuat 4 hidangan

- 12 auns spageti
- 3 sudu besar kicap
- 1 sudu besar sos tiram vegetarian (pilihan)
- 1 sudu kecil gula perang
- 8 auns tauhu lebih pejal, toskan dan ditekan (lihat Tauhu)
- 2 sudu besar minyak canola atau grapeseed
- 1 biji bawang merah sederhana, dihiris nipis
- 1 lada benggala merah sederhana, dihiris nipis
- 1 cawan kacang salji, dipotong
- 2 ulas bawang putih, dikisar
- $^{1}/_{2}$ sudu teh lada merah ditumbuk
- 1 cawan daun selasih Thai segar

Dalam periuk air masin mendidih, masak spageti di atas api sederhana tinggi, kacau sekali-sekala, sehingga al dente, kira-kira 8 minit. Toskan dengan baik dan pindahkan ke mangkuk besar. Dalam mangkuk kecil, satukan kicap, sos tiram, jika menggunakan, dan gula. Gaul rata, kemudian tuangkan ke atas spageti yang telah dikhaskan, toskan hingga berbalut. Mengetepikan.

Potong tauhu kepada jalur $^{1}/_{2}$ inci. Dalam kuali atau kuali besar, panaskan 1 sudu besar minyak di atas api yang sederhana tinggi. Masukkan tauhu dan masak sehingga kekuningan, kira-kira 5 minit. Keluarkan dari kuali dan ketepikan.

Kembalikan kuali ke api dan masukkan baki 1 sudu besar minyak kanola. Masukkan bawang besar, lada benggala, kacang salji, bawang putih, dan lada merah yang dihancurkan. Tumis sehingga sayur-sayuran empuk, kira-kira 5 minit. Masukkan campuran spageti dan sos yang dimasak, tauhu yang dimasak, dan selasih dan kacau sehingga panas, kira-kira 4 minit.

TEMP

51. Spaghetti Gaya Carbonara

Membuat 4 hidangan

- 2 sudu besar minyak zaitun
- 3 bawang merah sederhana, dikisar
- 4 auns daging tempe, buatan sendiri (lihat Tempeh Bacon) atau dibeli di kedai, dicincang
- 1 cawan susu soya tanpa gula biasa
- 1/2 cawan tauhu lembut atau sutera, toskan
- ¼ cawan yis pemakanan
- Garam dan lada hitam yang baru dikisar
- 1 paun spageti
- 3 sudu besar pasli segar cincang

Dalam kuali besar, panaskan minyak dengan api sederhana. Masukkan bawang merah dan masak sehingga lembut, kira-kira 5 minit. Masukkan bacon tempe dan masak, kacau kerap, sehingga perang sedikit, kira-kira 5 minit. Mengetepikan.

Dalam pengisar, satukan susu soya, tauhu, yis pemakanan, dan garam dan lada sulah secukup rasa. Kisar hingga sebati. Mengetepikan.

Dalam periuk besar air masin mendidih, masak spageti di atas api sederhana tinggi, kacau sekali-sekala, sehingga al dente, kira-kira 10 minit. Toskan dengan baik dan pindahkan ke mangkuk hidangan besar. Masukkan campuran tauhu, 1/4 cawan Parmesan, dan semua kecuali 2 sudu besar campuran bacon tempe.

Tos perlahan-lahan untuk sebati dan rasa, sesuaikan perasa jika perlu, tambah sedikit lagi susu soya jika terlalu kering. Teratas dengan beberapa kisar lada, baki bacon tempe, baki Parmesan dan pasli. Hidangkan segera.

51. Tempe dan Tumis Sayur

Membuat 4 hidangan

- 10 auns tempe
- Garam dan lada hitam yang baru dikisar
- 2 sudu teh tepung jagung
- 4 cawan bunga brokoli kecil
- 2 sudu besar minyak canola atau grapeseed
- 2 sudu besar kicap
- 2 sudu besar air
- 1 sudu besar mirin
- $^1/_2$ sudu teh lada merah ditumbuk
- 2 sudu teh minyak bijan panggang
- 1 lada benggala merah sederhana, potong $^1/_2$ inci kepingan
- 6 auns cendawan putih, dibilas ringan, ditepuk kering, dan dipotong menjadi kepingan $^1/_2$ inci
- 2 ulas bawang putih, dikisar
- 3 sudu besar bawang hijau kisar
- 1 sudu teh halia segar parut

Dalam periuk sederhana air mendidih, masak tempe selama 30 minit. Toskan, keringkan dan ketepikan untuk menyejukkan. Potong tempe kepada kiub $^1/_2$ inci dan masukkan ke dalam mangkuk cetek. Perasakan dengan garam dan lada hitam secukup rasa, taburkan dengan tepung jagung, dan toskan hingga rata. Mengetepikan.

Kukus sedikit brokoli sehingga hampir empuk, kira-kira 5 minit. Jalankan di bawah air sejuk untuk menghentikan proses memasak dan mengekalkan warna hijau terang. Mengetepikan.

Dalam kuali atau kuali besar, panaskan 1 sudu besar minyak kanola di atas api yang sederhana tinggi. Masukkan tempe dan tumis sehingga perang keemasan, kira-kira 5 minit. Keluarkan dari kuali dan ketepikan.

Dalam mangkuk kecil, satukan kicap, air, mirin, lada merah yang dihancurkan, dan minyak bijan. Mengetepikan.

Panaskan semula kuali yang sama dengan api sederhana tinggi. Masukkan baki 1 sudu besar minyak kanola. Masukkan lada benggala dan cendawan dan kacau sehingga lembut, kira-kira 3 minit. Masukkan bawang putih, bawang hijau, dan halia dan tumis selama 1 minit. Masukkan brokoli kukus dan tempe goreng dan tumis selama 1 minit. Masukkan bancuhan kicap dan tumis hingga tempe dan sayur panas dan bersalut dengan sos. Hidangkan segera.

52. Teriyaki Tempe

Membuat 4 hidangan

- 1 paun tempe, potong 1/4 inci
- 1/4 cawan jus lemon segar
- 1 sudu kecil bawang putih dikisar
- 2 sudu besar bawang hijau kisar
- 2 sudu teh halia segar parut
- 1 sudu besar gula
- 2 sudu besar minyak bijan bakar
- 1 sudu besar tepung jagung
- 2 sudu besar air
- 2 sudu besar minyak canola atau grapeseed

Dalam periuk sederhana air mendidih, masak tempe selama 30 minit. Toskan dan letakkan dalam pinggan cetek yang besar. Dalam mangkuk kecil, satukan kicap, jus lemon, bawang putih, bawang hijau, halia, gula, minyak bijan, tepung jagung, dan air. Gaul sebati, kemudian tuangkan bahan perapan ke atas tempe yang telah dimasak, bertukar kepada lapisan. Perap tempe selama 1 jam.

Dalam kuali besar, panaskan minyak kanola di atas api sederhana. Keluarkan tempe dari perapan, simpan perapan. Masukkan tempe ke dalam kuali panas dan masak sehingga perang keemasan di kedua-dua belah, kira-kira 4 minit setiap sisi. Masukkan perapan yang dikhaskan dan renehkan sehingga cecair pekat, kira-kira 8 minit. Hidangkan segera.

53. Tempe Bakar

Membuat 4 hidangan

- 1 paun tempe, potong 2 inci bar
- 2 sudu besar minyak zaitun
- 1 bawang sederhana, dikisar
- 1 lada benggala merah sederhana, dikisar
- 2 ulas bawang putih, dikisar
- (14.5-auns) boleh dihancurkan tomato
- 2 sudu besar molase gelap
- 2 sudu besar cuka epal
- sudu besar kicap
- 2 sudu teh mustard perang pedas
- 1 sudu besar gula
- $^{1}/_{2}$ sudu teh garam
- $^{1}/_{4}$ sudu teh lada sulah yang dikisar
- $^{1}/_{4}$ sudu teh cayenne kisar

Dalam periuk sederhana air mendidih, masak tempe selama 30 minit. Toskan dan ketepikan.

Dalam periuk besar, panaskan 1 sudu besar minyak di atas api sederhana. Masukkan bawang besar, lada benggala dan bawang putih. Tutup dan masak sehingga lembut, kira-kira 5 minit. Masukkan tomato, molase, cuka, kicap, sawi, gula, garam, lada sulah, dan cayenne dan biarkan mendidih. Kecilkan api kepada rendah dan reneh, tanpa penutup, selama 20 minit.

Dalam kuali besar, panaskan baki 1 sudu besar minyak di atas api sederhana. Masukkan tempe dan masak sehingga perang keemasan, putar sekali, kira-kira 10 minit. Masukkan sos secukupnya untuk menyaluti tempe. Tutup dan renehkan untuk menggabungkan perisa, kira-kira 15 minit. Hidangkan segera.

54. Tempe Oren-Bourbon

Membuat 4 hingga 6 hidangan

- 2 cawan air
- $^{1}/_{2}$ cawan kicap
- hirisan nipis halia segar
- 2 ulas bawang putih, dihiris
- 1 paun tempe, potong nipis
- Garam dan lada hitam yang baru dikisar
- $^{1}/_{4}$ cawan canola atau minyak biji anggur
- 1 sudu besar gula perang ringan
- $^{1}/_{8}$ sudu teh lada sulah yang dikisar
- $^{1}/_{3}$ cawan jus oren segar
- $^{1}/_{4}$ cawan bourbon atau 5 keping oren, dibelah dua
- 1 sudu besar tepung jagung dibancuh dengan 2 sudu besar air

Dalam periuk besar, satukan air, kicap, halia, bawang putih, dan kulit oren. Masukkan tempe ke dalam bahan perapan dan biarkan mendidih. Kecilkan api dan reneh selama 30 minit. Keluarkan tempe dari perapan, simpan perapan. Taburkan tempe dengan garam dan lada sulah secukup rasa. Letakkan tepung dalam mangkuk cetek. Korek tempe yang telah dimasak dalam tepung dan ketepikan.

Dalam kuali besar, panaskan minyak dengan api sederhana. Masukkan tempe, dalam kelompok jika perlu, dan masak sehingga perang di kedua-dua belah, kira-kira 4 minit setiap sisi. Masukkan perapan yang telah dikhaskan secara beransur-ansur. Masukkan gula, lada sulah, jus oren, dan bourbon. Hiaskan tempe dengan hirisan oren. Tutup dan renehkan sehingga sos menjadi sirap dan rasa cair, kira-kira 20 minit.

Gunakan sudu atau spatula berlubang untuk mengeluarkan tempe dari kuali dan pindahkan ke pinggan hidangan. Tetap hangat. Masukkan bancuhan tepung jagung ke dalam sos dan masak, kacau, hingga pekat. Kecilkan api dan renehkan, tidak bertutup, kacau sentiasa, sehingga sos pekat. Sudukan sos ke atas tempe dan hidangkan segera.

55. Tempe dan Ubi Keledek

Membuat 4 hidangan

- 1 paun tempe
- 2 sudu besar kicap
- 1 sudu teh ketumbar kisar
- $^{1}/_{2}$ sudu teh kunyit
- 2 sudu besar minyak zaitun
- 3 biji bawang merah besar, dicincang
- 1 atau 2 ubi keledek sederhana, dikupas dan dipotong menjadi $^{1}/_{2}$ inci dadu
- 2 sudu teh halia segar parut
- 1 cawan jus nanas
- 2 sudu kecil gula perang
- Jus 1 biji limau purut

Dalam periuk sederhana air mendidih, masak tempe selama 30 minit. Pindahkan ke mangkuk cetek. Masukkan 2 sudu besar kicap, ketumbar, dan kunyit, kacau hingga rata. Mengetepikan.

Dalam kuali besar, panaskan 1 sudu besar minyak di atas api sederhana. Masukkan tempe dan masak sehingga perang di kedua-dua belah, kira-kira 4 minit setiap sisi. Keluarkan dari kuali dan ketepikan.

Dalam kuali yang sama, panaskan baki 2 sudu besar minyak di atas api sederhana. Masukkan bawang merah dan keledek. Tutup dan masak sehingga sedikit lembut dan berwarna perang, kira-kira 10 minit. Masukkan halia, jus nanas, baki 1 sudu besar kicap, dan gula, kacau untuk menggabungkan. Kecilkan api, masukkan tempe yang telah dimasak, tutup dan masak sehingga kentang empuk, kira-kira 10 minit. Pindahkan tempe dan ubi keledek ke dalam hidangan hidangan dan panaskan. Kacau jus limau nipis ke dalam sos dan reneh selama 1 minit untuk menggabungkan rasa. Siramkan sos ke atas tempe dan hidangkan segera.

56. Creole Tempe

Membuat 4 hingga 6 hidangan

- 1 paun tempe, potong $^{1}/_{4}$ inci
- $^{1}/_{4}$ cawan kicap
- 2 sudu besar perasa Creole
- $^{1}/_{2}$ cawan tepung serba guna
- 2 sudu besar minyak zaitun
- 1 bawang kuning sederhana manis, dicincang
- 2 batang saderi, dihiris
- 1 lada benggala hijau sederhana, dicincang
- 3 ulas bawang putih, cincang
- 1 (14.5-auns) tin tomato dipotong dadu, toskan
- 1 sudu teh thyme kering
- $^{1}/_{2}$ cawan wain putih kering
- Garam dan lada hitam yang baru dikisar

Letakkan tempe dalam periuk besar dengan air yang cukup untuk menutup. Masukkan kicap dan 1 sudu besar perasa Creole. Tutup dan reneh selama 30 minit. Keluarkan tempe dari cecair dan ketepikan, simpan cecair.

Dalam mangkuk cetek, satukan tepung dengan baki 2 sudu besar perasa Creole dan gaul rata. Korek tempe dalam adunan tepung, salutkan dengan baik. Dalam kuali besar, panaskan 1 sudu besar minyak di atas api sederhana. Masukkan tempe yang telah dikorek dan masak sehingga keperangan di kedua-dua belah, kira-kira 4 minit setiap sisi. Keluarkan tempe dari kuali dan ketepikan.

Dalam kuali yang sama, panaskan baki 1 sudu besar minyak di atas api sederhana. Masukkan bawang besar, saderi, lada benggala dan bawang putih. Tutup dan masak sehingga sayur-sayuran lembut, kira-kira 10 minit. Kacau dalam tomato, kemudian masukkan tempe kembali ke dalam kuali bersama-sama dengan thyme, wain, dan 1 cawan cecair reneh yang disimpan. Perasakan dengan garam dan lada sulah secukup rasa. Biarkan mendidih, dan masak, tanpa penutup, selama kira-kira 30 minit untuk mengurangkan cecair dan menggabungkan rasa. Hidangkan segera.

57. Tempe dengan Lemon dan Capers

Membuat 4 hingga 6 hidangan

- 1 paun tempe, potong melintang kepada kepingan $^{1}/_{4}$ inci
- $^{1}/_{2}$ cawan kicap
- $^{1}/_{2}$ cawan tepung serba guna
- Garam dan lada hitam yang baru dikisar
- 2 sudu besar minyak zaitun
- 2 bawang merah sederhana, dikisar
- 2 ulas bawang putih, dikisar
- 2 sudu besar caper
- $^{1}/_{2}$ cawan wain putih kering
- $^{1}/_{2}$ cawan sup sayur, buatan sendiri (lihat Sup Sayur Ringan) atau dibeli di kedai
- 2 sudu besar marjerin vegan
- Jus 1 lemon
- 2 sudu besar pasli segar cincang

Letakkan tempe dalam periuk besar dengan air yang cukup untuk menutup. Masukkan kicap dan reneh selama 30 minit. Keluarkan tempe dari periuk dan ketepikan sehingga sejuk. Dalam mangkuk cetek, satukan tepung dan garam dan lada sulah secukup rasa. Korek tempe dalam adunan tepung, salutkan kedua-dua belah. Mengetepikan.

Dalam kuali besar, panaskan 2 sudu besar minyak di atas api sederhana. Masukkan tempe, dalam kelompok jika perlu, dan masak sehingga perang di kedua-dua belah, kira-kira 8 minit secara keseluruhan. Keluarkan tempe dari kuali dan ketepikan.

Dalam kuali yang sama, panaskan baki 1 sudu besar minyak di atas api sederhana. Masukkan bawang merah dan masak selama kira-kira 2 minit. Masukkan bawang putih, kemudian kacau dalam caper, wain, dan sup. Kembalikan tempe ke dalam kuali dan reneh selama 6 hingga 8 minit. Masukkan marjerin, jus lemon, dan pasli, kacau untuk mencairkan marjerin. Hidangkan segera.

58. Tempe dengan Maple & Balsamic Glaze

Membuat 4 hidangan

- 1 paun tempe, potong 2 inci bar
- 2 sudu besar cuka balsamic
- 2 sudu besar sirap maple tulen
- 1 $^{1}/_{2}$ sudu besar mustard perang pedas
- 1 sudu teh sos Tabasco
- 1 sudu besar minyak zaitun
- 2 ulas bawang putih, dikisar
- $^{1}/_{2}$ cawan sup sayur, buatan sendiri (lihat Sup Sayur Ringan) atau Garam yang dibeli di kedai dan lada hitam yang baru dikisar

Dalam periuk sederhana air mendidih, masak tempe selama 30 minit. Toskan dan keringkan.

Dalam mangkuk kecil, gabungkan cuka, sirap maple, mustard, dan Tabasco. Mengetepikan.

Dalam kuali besar, panaskan minyak dengan api sederhana. Masukkan tempe dan masak sehingga perang di kedua-dua belah, putar sekali, kira-kira 4 minit setiap sisi. Masukkan bawang putih dan masak 30 saat lebih lama.

Masukkan air rebusan dan garam dan lada sulah secukup rasa. Besarkan api kepada sederhana tinggi dan masak, tanpa penutup, selama kira-kira 3 minit, atau sehingga cecair hampir sejat.

Masukkan bancuhan sawi yang telah dikhaskan dan masak selama 1 hingga 2 minit, putar tempe hingga bersalut dengan sos dan kacau dengan baik. Berhati-hati supaya tidak terbakar. Hidangkan segera.

59. Cili Tempe yang menggoda

Membuat 4 hingga 6 hidangan

- 1 paun tempe
- 1 sudu besar minyak zaitun
- 1 bawang kuning sederhana, dicincang
- 1 lada benggala hijau sederhana, dicincang
- 2 ulas bawang putih, dikisar
- sudu besar serbuk cili
- 1 sudu teh oregano kering
- 1 sudu teh jintan kisar
- (28-auns) boleh dihancurkan tomato
- $^1/_2$ cawan air, tambah lagi jika perlu
- 1 $^1/_2$ cawan yang dimasak atau 1 (15.5-auns) kacang pinto tin, toskan dan bilas
- 1 (4-auns) boleh cili hijau yang dicincang, toskan
- Garam dan lada hitam yang baru dikisar
- 2 sudu besar ketumbar segar dicincang

Dalam periuk sederhana air mendidih, masak tempe selama 30 minit. Toskan dan biarkan sejuk, kemudian cincang halus dan ketepikan.

Dalam periuk besar, panaskan minyak. Masukkan bawang, lada benggala, dan bawang putih, tutup, dan masak sehingga lembut, kira-kira 5 minit. Masukkan tempe dan masak, tidak bertutup, sehingga keemasan, kira-kira 5 minit. Masukkan serbuk cili, oregano, dan jintan manis. Masukkan tomato, air, kacang, dan cili. Perasakan dengan garam dan lada hitam secukup rasa. Gaul sebati hingga sebati.

Didihkan, kemudian kecilkan api, tutup dan reneh selama 45 minit, kacau sekali-sekala, tambah sedikit lagi air jika perlu.
Taburkan dengan ketumbar dan hidangkan segera.

60. Tempe Cacciatore

Membuat 4 hingga 6 hidangan

- 1 paun tempe, potong dihiris nipis
- 2 sudu besar minyak canola atau biji anggur
- 1 biji bawang merah sederhana, potong dadu $^{1}/_{2}$ inci
- lada benggala merah sederhana, potong dadu $^{1}/_{2}$ inci
- lobak merah sederhana, potong $^{1}/_{4}$ inci kepingan
- 2 ulas bawang putih, dikisar
- 1 (28-auns) tin tomato dipotong dadu, toskan
- $^{1}/_{4}$ cawan wain putih kering
- 1 sudu teh oregano kering
- 1 sudu teh selasih kering
- Garam dan lada hitam yang baru dikisar

Dalam periuk sederhana air mendidih, masak tempe selama 30 minit. Toskan dan keringkan.

Dalam kuali besar, panaskan 1 sudu besar minyak di atas api sederhana. Masukkan tempe dan masak sehingga perang di kedua-dua belah, 8 hingga 10 minit jumlah. Keluarkan dari kuali dan ketepikan.

Dalam kuali yang sama, panaskan baki 1 sudu besar minyak di atas api sederhana. Masukkan bawang besar, lada benggala, lobak merah dan bawang putih. Tutup, dan masak sehingga lembut, kira-kira 5 minit. Masukkan tomato, wain, oregano, basil, dan garam serta lada hitam secukup rasa dan biarkan mendidih. Kecilkan api ke rendah, masukkan tempe yang dikhaskan, dan renehkan, tidak bertutup, sehingga sayur-sayuran lembut dan rasa sebati, kira-kira 30 minit. Hidangkan segera.

61. Tempe Indonesia Dalam Kuah Kelapa

Membuat 4 hingga 6 hidangan

- 1 paun tempe, potong $^{1}/_{4}$ inci
- 2 sudu besar minyak canola atau grapeseed
- 1 bawang kuning sederhana, dicincang
- 3 ulas bawang putih, dikisar
- 1 lada benggala merah sederhana, dicincang
- 1 lada benggala hijau sederhana, dicincang
- 1 atau 2 Serrano kecil atau cili panas segar lain, dibiji dan dicincang
- 1 (14.5-auns) tin tomato dipotong dadu, toskan
- 1 tin (13.5-auns) santan tanpa gula
- Garam dan lada hitam yang baru dikisar
- $^{1}/_{2}$ cawan kacang tanah panggang tanpa garam, dikisar atau dihancurkan, untuk hiasan
- 2 sudu besar cilantro segar yang dicincang, untuk hiasan

Dalam periuk sederhana air mendidih, masak tempe selama 30 minit. Toskan dan keringkan.

Dalam kuali besar, panaskan 1 sudu besar minyak di atas api sederhana. Masukkan tempe dan masak sehingga perang keemasan di kedua-dua belah, kira-kira 10 minit. Keluarkan dari kuali dan ketepikan.

Dalam kuali yang sama, panaskan baki 1 sudu besar minyak di atas api sederhana. Masukkan bawang besar, bawang putih, lada benggala merah dan hijau, dan cili. Tutup dan masak sehingga lembut, kira-kira 5 minit. Masukkan tomato dan santan. Kecilkan api, masukkan tempe yang telah dikhaskan, perasakan dengan garam dan lada sulah secukup rasa dan renehkan, tidak bertutup, sehingga sos berkurangan sedikit, kira-kira 30 minit. Taburkan dengan kacang tanah dan ketumbar dan hidangkan segera.

62. Halia-Tempe Kacang

Membuat 4 hidangan

- 1 paun tempe, potong dadu $^{1}/_{2}$ inci
- 2 sudu besar minyak canola atau grapeseed
- lada benggala merah sederhana, potong dadu $^{1}/_{2}$ inci
- 3 ulas bawang putih, dikisar
- sekumpulan kecil bawang hijau, dicincang
- 2 sudu besar halia segar parut
- 2 sudu besar kicap
- 1 sudu besar gula
- $^{1}/_{4}$ sudu teh lada merah ditumbuk
- 1 sudu besar tepung jagung
- 1 cawan air
- 1 cawan kacang tanah panggang tanpa garam ditumbuk
- 2 sudu besar ketumbar segar dicincang

Dalam periuk sederhana air mendidih, masak tempe selama 30 minit. Toskan dan keringkan. Dalam kuali atau kuali besar, panaskan minyak di atas api sederhana. Masukkan tempe dan masak sehingga keperangan, kira-kira 8 minit. Masukkan lada benggala dan tumis sehingga lembut, kira-kira 5 minit. Masukkan bawang putih, bawang hijau, dan halia dan tumis sehingga wangi, 1 minit.

Dalam mangkuk kecil, satukan kicap, gula, lada merah yang telah dihancurkan, tepung jagung, dan air. Gaul rata, kemudian tuang ke dalam kuali. Masak, kacau, selama 5 minit, sehingga sedikit pekat. Kacau dalam kacang tanah dan ketumbar. Hidangkan segera.

63. Tempe dengan Kentang dan Kobis

Membuat 4 hidangan

- 1 paun tempe, potong dadu $^{1}/_{2}$ inci
- 2 sudu besar minyak canola atau grapeseed
- 1 bawang kuning sederhana, dicincang
- 1 lobak merah sederhana, dicincang
- 1 $^{1}/_{2}$ sudu besar paprika Hungary manis
- 2 biji kentang russet sederhana, dikupas dan dipotong menjadi dadu $^{1}/_{2\ \text{inci}}$
- 3 cawan kobis yang dicincang
- 1 (14.5-auns) tin tomato dipotong dadu, toskan
- $^{1}/_{4}$ cawan wain putih kering
- 1 cawan sup sayur-sayuran, buatan sendiri (lihat Sup Sayuran Ringan) atau Garam yang dibeli di kedai dan lada hitam yang baru dikisar
- $^{1}/_{2}$ cawan krim masam vegan, buatan sendiri (lihat Krim Masam Tauhu) atau dibeli di kedai (pilihan)

Dalam periuk sederhana air mendidih, masak tempe selama 30 minit. Toskan dan keringkan.

Dalam kuali besar, panaskan 1 sudu besar minyak di atas api sederhana. Masukkan tempe dan masak sehingga perang keemasan di kedua-dua belah, kira-kira 10 minit. Keluarkan tempe dan ketepikan.

Dalam kuali yang sama, panaskan baki 1 sudu besar minyak di atas api sederhana. Masukkan bawang dan lobak merah, tutup, dan masak sehingga lembut, kira-kira 10 minit. Masukkan paprika, kentang, kubis, tomato, wain, dan sup dan biarkan mendidih. Perasakan dengan garam dan lada sulah secukup rasa

Kecilkan api kepada sederhana, masukkan tempe, dan reneh, tanpa penutup, selama 30 minit, atau sehingga sayur-sayuran lembut dan rasa sebati. Pukul krim masam, jika menggunakan, dan hidangkan segera.

64. Stew Succotash Selatan

Membuat 4 hidangan

- 10 auns tempe
- 2 sudu besar minyak zaitun
- 1 biji bawang besar kuning manis, dicincang halus
- 2 biji kentang russet sederhana, dikupas dan dipotong menjadi dadu $^{1}/_{2}$ inci
- 1 (14.5-auns) tin tomato dipotong dadu, toskan
- 1 (16 auns) bungkusan succotash beku
- 2 cawan sup sayur, buatan sendiri (lihat Sup Sayur Ringan) atau beli di kedai, atau air
- 2 sudu besar kicap
- 1 sudu teh mustard kering
- 1 sudu teh gula
- $^{1}/_{2}$ sudu teh thyme kering
- $^{1}/_{2}$ sudu teh lada sulah yang dikisar
- $^{1}/_{4}$ sudu teh cayenne kisar
- Garam dan lada hitam yang baru dikisar

Dalam periuk sederhana air mendidih, masak tempe selama 30 minit. Toskan, keringkan dan potong dadu 1 inci.

Dalam kuali besar, panaskan 1 sudu besar minyak di atas api sederhana. Masukkan tempe dan masak sehingga perang di kedua-dua belah, kira-kira 10 minit. Mengetepikan.

Dalam periuk besar, panaskan baki 1 sudu besar minyak di atas api sederhana. Masukkan bawang dan masak sehingga lembut, 5 minit. Masukkan kentang, lobak merah, tomato, succotash, sup, kicap, mustard, gula, thyme, allspice, dan cayenne. Perasakan dengan garam dan lada sulah secukup rasa. Didihkan, kemudian kecilkan api dan masukkan tempe. Reneh, ditutup, sehingga sayur-sayuran lembut, kacau sekali-sekala, kira-kira 45 minit.

Kira-kira 10 minit sebelum rebusan selesai masak, kacau asap cair. Rasa, sesuaikan perasa jika perlu

Hidangkan segera.

65. Kaserol Jambalaya Bakar

Membuat 4 hidangan

- 10 auns tempe
- 2 sudu besar minyak zaitun
- 1 bawang kuning sederhana, dicincang
- 1 lada benggala hijau sederhana, dicincang
- 2 ulas bawang putih, dikisar
- 1 (28-auns) tin tomato dipotong dadu, tidak dikeringkan
- $^{1}/_{2}$ cawan nasi putih
- 1 $^{1}/_{2}$ cawan sup sayur, buatan sendiri (lihat Sup Sayur Ringan) atau yang dibeli di kedai, atau air
- 1 $^{1}/_{2}$ cawan yang dimasak atau 1 (15.5 auns) kacang merah gelap, toskan dan bilas
- 1 sudu besar pasli segar yang dicincang
- 1 $^{1}/_{2}$ sudu teh perasa Cajun
- 1 sudu teh thyme kering
- $^{1}/_{2}$ sudu teh garam
- $^{1}/_{4}$ sudu teh lada hitam yang baru dikisar

Dalam periuk sederhana air mendidih, masak tempe selama 30 minit. Toskan dan keringkan. Potong dadu $^{1}/_{2}$ inci. Panaskan ketuhar hingga 350°F.

Dalam kuali besar, panaskan 1 sudu besar minyak di atas api sederhana. Masukkan tempe dan masak sehingga perang di kedua-dua belah, kira-kira 8 minit. Pindahkan tempe ke dalam loyang 9 x 13 inci dan ketepikan.

Dalam kuali yang sama, panaskan baki 1 sudu besar minyak di atas api sederhana. Masukkan bawang besar, lada benggala dan bawang putih. Tutup dan masak sehingga sayur-sayuran lembut, kira-kira 7 minit.

Masukkan campuran sayuran ke dalam hidangan pembakar dengan tempe. Kacau tomato dengan cecairnya, nasi, sup, kacang ginjal, pasli, perasa Cajun, thyme, garam, dan lada hitam. Gaul rata, kemudian tutup rapat dan bakar sehingga nasi lembut, kira-kira 1 jam. Hidangkan segera.

66. Tempe dan Pai Ubi

Membuat 4 hidangan

- 8 auns tempe
- 3 ubi keledek sederhana, dikupas dan dipotong menjadi $^{1}/_{2}$ inci dadu
- 2 sudu besar marjerin vegan
- $^{1}/_{4}$ cawan susu soya tanpa gula biasa
- Garam dan lada hitam yang baru dikisar
- 2 sudu besar minyak zaitun
- 1 bawang kuning sederhana, dicincang halus
- 2 lobak merah sederhana, dicincang
- 1 cawan kacang polong beku, dicairkan
- 1 cawan biji jagung beku, dicairkan
- 1 $^{1}/_{2}$ cawan Sos Cendawan
- $^{1}/_{2}$ sudu teh thyme kering

Dalam periuk sederhana air mendidih, masak tempe selama 30 minit. Toskan dan keringkan. Cincang halus tempe dan ketepikan.

Kukus keledek sehingga empuk, kira-kira 20 minit. Panaskan ketuhar hingga 350°F. Tumbuk ubi keledek dengan marjerin, susu soya, dan garam dan lada sulah secukup rasa. Mengetepikan.

Dalam kuali besar, panaskan 1 sudu besar minyak di atas api sederhana. Masukkan bawang dan lobak merah, tutup, dan masak sehingga lembut, kira-kira 10 minit. Pindahkan ke dalam loyang 10 inci.

Dalam kuali yang sama, panaskan baki 1 sudu besar minyak di atas api sederhana. Masukkan tempe dan masak sehingga perang di kedua-dua belah, 8 hingga 10 minit. Masukkan tempe ke dalam loyang bersama bawang besar dan lobak merah. Kacau dalam kacang, jagung, dan sos cendawan. Masukkan thyme dan garam dan lada sulah secukup rasa. Kacau hingga sebati.

Sapukan ubi keledek di atasnya, menggunakan spatula untuk ratakan ke tepi kuali. Bakar sehingga kentang agak perang dan intinya panas, kira-kira 40 minit. Hidangkan segera.

67. Pasta Terung dan Tempe

Membuat 4 hidangan

- 8 auns tempe
- 1 biji terung sederhana
- 12 kerang pasta besar
- 1 ulas bawang putih, tumbuk
- $^{1}/_{4}$ sudu teh cayenne kisar
- Garam dan lada hitam yang baru dikisar
- Keringkan serbuk roti tanpa perasa
- 3 cawan sos marinara, buatan sendiri (lihat Sos Marinara) atau dibeli di kedai

Dalam periuk sederhana air mendidih, masak tempe selama 30 minit. Toskan dan ketepikan untuk sejuk.

Panaskan ketuhar hingga 450°F. Tusuk terung dengan garpu dan bakar di atas loyang yang telah disapu sedikit minyak sehingga lembut, kira-kira 45 minit.

Semasa terung dibakar, masak kulit pasta dalam periuk air masin mendidih, kacau sekali-sekala, sehingga al dente, kira-kira 7 minit. Toskan dan jalankan di bawah air sejuk. Mengetepikan.

Keluarkan terung dari ketuhar, belah memanjang, dan toskan sebarang cecair. Kurangkan suhu ketuhar kepada 350°F. Minyakkan sedikit loyang 9 x 13 inci. Dalam pemproses makanan, proses bawang putih sehingga halus. Masukkan tempe dan nadi hingga dikisar kasar. Kikis pulpa terung dari kulitnya dan masukkan ke dalam pemproses makanan dengan tempe dan bawang putih. Masukkan cayenne, perasakan dengan garam dan lada sulah secukup rasa, dan nadi untuk menggabungkan. Jika inti sudah longgar, masukkan sedikit serbuk roti.

Sapukan lapisan sos tomato di bahagian bawah hidangan pembakar yang disediakan. Masukkan inti ke dalam kulit sehingga dibungkus dengan baik.

Susun kerang di atas sos dan tuangkan baki sos ke atas dan di sekeliling kerang. Tutup dengan foil dan bakar sehingga panas, kira-kira 30 minit. Buka tutup, taburkan dengan Parmesan, dan bakar 10 minit lebih lama. Hidangkan segera.

68. Mi Singapura dengan Tempe

Membuat 4 hidangan

- 8 auns tempe, potong dadu $^{1}/_{2}$ inci
- 8 auns bihun beras
- 1 sudu besar minyak bijan bakar
- 2 sudu besar minyak canola atau biji anggur
- 4 sudu besar kicap
- $^{1}/_{3}$ cawan mentega kacang berkrim
- $^{1}/_{2}$ cawan santan tanpa gula
- $^{1}/_{2}$ cawan air
- 1 sudu besar jus lemon segar
- 1 sudu kecil gula perang
- $^{1}/_{2}$ sudu teh cayenne kisar
- 1 lada benggala merah sederhana, dicincang
- 3 cawan kobis yang dicincang
- 3 ulas bawang putih
- 1 cawan bawang hijau dicincang
- 2 sudu teh halia segar parut
- 1 cawan kacang polong beku, dicairkan
- garam
- $^{1}/_{4}$ cawan kacang tanah panggang tanpa garam yang dicincang, untuk hiasan
- 2 sudu besar cilantro segar yang dicincang, untuk hiasan

Dalam periuk sederhana air mendidih, masak tempe selama 30 minit. Toskan dan keringkan. Rendam bihun beras dalam mangkuk besar berisi air panas sehingga lembut, kira-kira 5 minit. Toskan dengan baik, bilas, dan pindahkan ke mangkuk besar. Toskan dengan minyak bijan dan ketepikan.

Dalam kuali besar, panaskan 1 sudu besar minyak kanola di atas api yang sederhana tinggi. Masukkan tempe yang telah dimasak dan masak sehingga keperangan pada semua bahagian, masukkan 1 sudu besar kicap untuk menambah warna dan rasa. Keluarkan tempe dari kuali dan ketepikan.

Dalam pengisar atau pemproses makanan, satukan mentega kacang, santan, air, jus lemon, gula, cayenne, dan baki 3 sudu besar kicap. Proses hingga halus dan ketepikan.

Dalam kuali besar, panaskan baki 1 sudu besar minyak kanola di atas api yang sederhana tinggi. Masukkan lada benggala, kubis, bawang putih, bawang hijau, dan halia dan masak, kacau sekali-sekala sehingga lembut, kira-kira 10 minit. Kurangkan haba kepada rendah; kacau dalam kacang, tempe perang, dan mee lembut. Masukkan sos, masukkan garam secukup rasa, dan reneh hingga panas.

Pindahkan ke mangkuk hidangan besar, hiaskan dengan kacang tanah cincang dan ketumbar, dan hidangkan.

69. Tempe Bacon

Membuat 4 hidangan

6 auns tempe
2 sudu besar minyak canola atau biji anggur
2 sudu besar kicap
$^{1}/_{2}$ sudu teh asap cair

Dalam periuk sederhana air mendidih, masak tempe selama 30 minit. Ketepikan untuk menyejukkan, kemudian keringkan dan potong menjadi jalur $^{1}/_{8}$ inci.

Dalam kuali besar, panaskan minyak dengan api sederhana. Masukkan hirisan tempe dan goreng pada kedua-dua belah sehingga keperangan, kira-kira 3 minit setiap sisi. Siram dengan kicap dan asap cair, berhati-hati agar tidak terpercik. Balikkan tempe jadi kot. Hidangkan panas.

70. Spaghetti Dan T-Bola

Membuat 4 hidangan

- 1 paun tempe
- 2 atau 3 ulas bawang putih, dikisar halus
- 3 sudu besar pasli segar dicincang halus
- 3 sudu besar kicap
- 1 sudu besar minyak zaitun, ditambah lagi untuk memasak
- ¾ cawan serbuk roti segar
- ⅓ cawan tepung gluten gandum (gluten gandum penting)
- 3 sudu besar yis pemakanan
- 1/2 sudu teh oregano kering
- 1/2 sudu teh garam
- 1/4 sudu teh lada hitam yang baru dikisar
- 1 paun spageti
- 3 cawan sos marinara, buatan sendiri (lihat kiri) atau dibeli di kedai

Dalam periuk sederhana air mendidih, masak tempe selama 30 minit. Toskan dengan baik dan potong menjadi kepingan.

Letakkan tempe yang telah dimasak dalam pemproses makanan, masukkan bawang putih dan pasli, dan putar hingga dikisar kasar. Masukkan kicap, minyak zaitun, serbuk roti, tepung gluten, yis, oregano, garam, dan lada hitam, dan nadi untuk bergabung, meninggalkan sedikit tekstur. Kikis adunan tempe ke dalam mangkuk dan gunakan tangan anda untuk menguli adunan sehingga sebati, 1 hingga 2 minit. Gunakan tangan anda untuk menggulung adunan menjadi bebola kecil, tidak lebih daripada 1 1/2 inci diameter. Ulang dengan adunan tempe yang tinggal.

Dalam kuali besar yang disapu sedikit minyak, panaskan lapisan nipis minyak di atas api sederhana. Masukkan bebola-T, dalam kelompok jika perlu, dan masak sehingga perang, gerakkannya dalam kuali mengikut keperluan untuk keperangan yang sekata, 15 hingga 20 minit. Sebagai alternatif, anda boleh menyusun bebola-T pada lembaran pembakar minyak dan bakar pada suhu 350°F selama 25 hingga 30 minit, pusing sekali kira-kira separuh jalan.

Dalam periuk besar air masin mendidih, masak spageti di atas api sederhana tinggi, kacau sekali-sekala, sehingga al dente, kira-kira 10 minit.

Semasa spageti masak, panaskan sos marinara dalam periuk sederhana dengan api sederhana sehingga panas.

Apabila pasta masak, toskan dengan baik dan bahagikan antara 4 pinggan makan atau mangkuk pasta cetek. Teratas setiap hidangan dengan beberapa bebola T. Sudukan sos di atas T-Balls dan spageti dan hidangkan panas. Satukan baki T-ball dan sos dalam mangkuk hidangan dan hidangkan.

71. Paglia E Fieno dengan Peas

Membuat 4 hidangan

- $^{1}/_{3}$ cawan ditambah 1 sudu besar minyak zaitun
- 2 bawang merah sederhana, dikisar halus
- $^{1}/_{4}$ cawan daging tempe yang dicincang, buatan sendiri (lihat Tempeh Bacon) atau yang dibeli di kedai (pilihan)
- Garam dan lada hitam yang baru dikisar
- 8 auns linguine gandum biasa atau keseluruhan
- 8 auns bayam linguine
- Parmesan Vegan atau Parmasio

Dalam kuali besar, panaskan 1 sudu besar minyak di atas api sederhana. Masukkan bawang merah dan masak sehingga lembut, kira-kira 5 minit. Masukkan bacon tempe, jika guna, dan masak sehingga keperangan. Kacau cendawan dan masak sehingga lembut, kira-kira 5 minit. Perasakan dengan garam dan lada sulah secukup rasa. Kacau dalam kacang dan baki $^{1}/_{3}$ cawan minyak. Tutup dan panaskan dengan api yang sangat perlahan.

Dalam periuk besar air masin mendidih, masak linguine di atas api sederhana tinggi, kacau sekali-sekala, sehingga al dente, kira-kira 10 minit. Toskan dengan baik dan pindahkan ke mangkuk hidangan besar.

Masukkan sos, perasakan dengan garam dan lada sulah secukup rasa, dan taburkan dengan Parmesan. Tos perlahan-lahan untuk sebati dan hidangkan segera.

SEIT ON

72. Seitan Simmered Asas

Membuat kira-kira 2 paun

Seitan

- $1\frac{3}{4}$ cawan tepung gluten gandum (gluten gandum penting)
- $\frac{1}{2}$ sudu teh garam
- $\frac{1}{2}$ sudu teh serbuk bawang
- $\frac{1}{4}$ sudu teh paprika manis
- 1 sudu besar minyak zaitun
- 2 sudu besar kicap
- $1\ \frac{2}{3}$ cawan air sejuk

Cecair mendidih:

- 2 liter air
- $\frac{1}{2}$ cawan kicap
- 2 ulas bawang putih, ditumbuk

Buat seitan: Dalam pemproses makanan, gabungkan tepung gluten gandum, yis pemakanan, garam, serbuk bawang dan paprika. Nadi untuk dicampur. Masukkan minyak, kicap, dan air dan proses seminit untuk membentuk doh. Balikkan adunan ke atas permukaan kerja yang ditaburi sedikit tepung dan uli sehingga licin dan elastik, kira-kira 2 minit.

Buat cecair yang mendidih: Dalam periuk besar, satukan air, kicap dan bawang putih.

Bahagikan doh seitan kepada 4 bahagian yang sama dan masukkan ke dalam cecair yang sedang mendidih. Didihkan hanya dengan api sederhana-tinggi, kemudian kecilkan api kepada sederhana-rendah, tutup dan renehkan perlahan-lahan, putar sekali-sekala, selama 1 jam. Tutup api dan biarkan seitan sejuk di dalam cecair. Setelah sejuk, seitan boleh digunakan dalam resipi atau disejukkan dalam cecair dalam bekas bertutup rapat sehingga seminggu atau dibekukan sehingga 3 bulan.

73. Stuffed Baked Seitan Roa st

Membuat 6 hidangan

- 1 resipi Basic Simmered Seitan , belum masak
- 1 sudu besar minyak zaitun
- 1 biji bawang kuning kecil, dikisar
- 1 rusuk saderi, dicincang
- $^{1}/_{2}$ sudu teh thyme kering
- $^{1}/_{2}$ sudu teh sage kering
- $^{1}/_{2}$ cawan air, atau lebih jika perlu
- Garam dan lada hitam yang baru dikisar
- 2 cawan kiub roti segar
- $^{1}/_{4}$ cawan pasli segar cincang

Letakkan seitan mentah di atas permukaan kerja yang ditaburkan sedikit tepung dan rentangkannya dengan tangan yang ditaburkan sedikit tepung sehingga ia rata dan tebal kira-kira $^{1}/_{2}$ inci. Letakkan seitan yang dileperkan di antara dua helai bungkus plastik atau kertas perkamen. Gunakan pin rolling untuk meratakannya seberapa banyak yang anda boleh (ia akan menjadi anjal dan tahan). Teratas dengan lembaran pembakar yang ditimbang dengan satu gelen air atau barangan dalam tin dan biarkan ia berehat semasa anda membuat pemadat.

Dalam kuali besar, panaskan minyak dengan api sederhana. Masukkan bawang besar dan saderi. Tutup dan masak sehingga lembut, 10 minit. Masukkan thyme, sage, air, dan garam dan lada sulah secukup rasa. Angkat dari api dan ketepikan. Letakkan roti dan pasli dalam mangkuk adunan yang besar. Masukkan bancuhan bawang dan gaul rata, tambah sedikit lagi air jika pemadat terlalu kering. Rasa, sesuaikan perasa jika perlu. jika perlu. Mengetepikan.

Panaskan ketuhar hingga 350°F. Minyak sedikit loyang 9 x 13 inci dan ketepikan. Canai seitan yang telah dileperkan dengan penggelek sehingga tebalnya kira-kira 1/4 inci. Sapukan pemadat ke seluruh permukaan seitan dan gulung dengan teliti dan rata. Letakkan bahagian jahitan panggang di bawah dalam loyang yang disediakan. Sapu sedikit minyak pada bahagian atas dan tepi panggang dan bakar, ditutup selama 45 minit, kemudian buka tutupnya dan bakar sehingga pejal dan coklat berkilat, lebih kurang 15 minit lagi.

Keluarkan dari ketuhar dan ketepikan selama 10 minit sebelum dihiris. Gunakan pisau bergerigi untuk memotongnya menjadi kepingan 1/2 inci. Nota: Untuk menghiris yang paling mudah, buat panggang di hadapan dan sejukkan sepenuhnya sebelum dihiris. Potong semua atau sebahagian daripada panggang dan kemudian panaskan semula dalam ketuhar, bertutup rapat, selama 15 hingga 20 minit, sebelum dihidangkan.

74. Panggang Periuk Seitan

Membuat 4 hidangan

- 1 resipi Basic Simmered Seitan
- 2 sudu besar minyak zaitun
- 3 hingga 4 bawang merah sederhana, dibelah dua memanjang
- 1 paun kentang Yukon Gold, dikupas dan dipotong menjadi kepingan 2 inci
- $^{1}/_{2}$ sudu teh gurih kering
- $^{1}/_{4}$ sudu teh sage tanah
- Garam dan lada hitam yang baru dikisar
- Lobak pedas, dua hidangan

Ikut arahan untuk membuat Basic Simmered Seitan, tetapi bahagikan doh seitan kepada 2 bahagian dan bukannya 4 sebelum mereneh. Selepas seitan telah sejuk dalam supnya selama 30 minit, keluarkan dari periuk dan ketepikan. Simpan cecair memasak, buang sebarang pepejal. Simpan 1 keping seitan (kira-kira 1 paun) untuk kegunaan masa hadapan dengan meletakkannya di dalam mangkuk dan menutupnya dengan sedikit cecair memasak yang telah dikhaskan. Tutup dan sejukkan sehingga diperlukan. Jika tidak digunakan dalam masa 3 hari, sejukkan seitan sepenuhnya, balut rapat dan bekukan.

Dalam periuk besar, panaskan 1 sudu besar minyak di atas api sederhana. Masukkan bawang merah dan lobak merah. Tutup dan masak selama 5 minit. Masukkan kentang, thyme, savory, sage, dan garam dan lada sulah secukup rasa. Masukkan 1 $^{1}/_{2}$ cawan cecair masak yang dikhaskan dan biarkan mendidih. Kecilkan api dan masak, bertutup, selama 20 minit.

Gosok seitan yang telah dikhaskan dengan baki 1 sudu besar minyak dan paprika. Letakkan seitan di atas sayur-sayuran yang sedang mendidih. Tutup dan teruskan memasak sehingga sayur-sayuran lembut, kira-kira 20 minit lagi. Potong seitan menjadi kepingan nipis dan susun di atas pinggan hidangan besar yang dikelilingi oleh sayur-sayuran yang dimasak. Hidangkan segera, dengan lobak pedas di sebelah.

75. Makan Malam Kesyukuran Hampir Satu Hidangan

Membuat 6 hidangan

- 2 sudu besar minyak zaitun
- 1 cawan bawang besar dicincang halus
- 2 rusuk saderi, dicincang halus
- 2 cawan cendawan putih yang dihiris
- $^{1}/_{2}$ sudu teh thyme kering
- $^{1}/_{2}$ sudu teh gurih kering
- $^{1}/_{2}$ sudu teh sage tanah
- Cubit buah pala yang dikisar
- Garam dan lada hitam yang baru dikisar
- 2 cawan kiub roti segar
- 2 $^{1}/_{2}$ cawan sup sayur, buatan sendiri (lihat Sup Sayur Ringan) atau dibeli di kedai
- $^{1}/_{3}$ cawan cranberi kering manis
- 8 auns tauhu lebih pejal, toskan dan potong $^{1}/_{4}$ inci kepingan
- 8 auns seitan, buatan sendiri atau dibeli di kedai, dihiris sangat nipis
- 2 $^{1}/_{2}$ cawan Kentang Tumbuk Asas
- 1 helai pastri puff beku, dicairkan

Panaskan ketuhar hingga 400°F. Minyak sedikit loyang 10 inci persegi. Dalam kuali besar, panaskan minyak dengan api sederhana. Masukkan bawang besar dan saderi. Tutup dan masak sehingga lembut, kira-kira 5 minit. Masukkan cendawan, thyme, pedas, sage, pala, dan garam dan lada sulah secukup rasa. Masak, tidak bertutup, sehingga cendawan lembut, kira-kira 3 minit lebih lama. Mengetepikan.

Dalam mangkuk besar, gabungkan kiub roti dengan seberapa banyak sup yang diperlukan untuk melembapkan (kira-kira

$1\ ^1/_2$ cawan). Masukkan campuran sayur-sayuran yang dimasak, walnut, dan cranberry. Kacau hingga sebati dan ketepikan.

Dalam kuali yang sama, masak baki 1 cawan sup sehingga mendidih, kecilkan api kepada sederhana, tambah tauhu, dan reneh, tidak bertutup, sehingga kuahnya diserap, kira-kira 10 minit. Mengetepikan.

Sapukan separuh daripada pemadat yang disediakan di bahagian bawah hidangan pembakar yang disediakan, diikuti dengan separuh daripada seitan, separuh daripada tauhu dan separuh daripada sos perang. Ulang lapisan dengan baki pemadat , seitan, tauhu, sos itik.

76. Seitan Milanese dengan Panko dan Lemon

Membuat 4 hidangan

- 2 cawan panko
- $^{1}/_{4}$ cawan pasli segar cincang
- $^{1}/_{2}$ sudu teh garam
- $^{1}/_{4}$ sudu teh lada hitam yang baru dikisar
- 1 paun seitan, buatan sendiri atau dibeli di kedai, potong $^{1}/_{4}$ inci kepingan
- 2 sudu besar minyak zaitun
- 1 biji lemon, dipotong menjadi kepingan

Panaskan ketuhar hingga 250°F. Dalam mangkuk besar, satukan panko, pasli, garam dan lada sulah. Basahkan seitan dengan sedikit air dan korek dalam adunan panko.

Dalam kuali besar, panaskan minyak di atas api sederhana tinggi. Masukkan seitan dan masak, putar sekali, sehingga perang keemasan, bekerja dalam kelompok, jika perlu. Pindahkan seitan yang telah dimasak ke dalam loyang dan biarkan hangat di dalam ketuhar semasa anda memasak yang lain. Hidangkan segera, dengan hirisan lemon.

77. Seitan Berkulit Bijan

Membuat 4 hidangan

- $^{1}/_{3}$ cawan biji bijan
- $^{1}/_{3}$ cawan tepung serba guna
- $^{1}/_{2}$ sudu teh garam
- $^{1}/_{4}$ sudu teh lada hitam yang baru dikisar
- $^{1}/_{2}$ cawan susu soya tanpa gula biasa
- buatan sendiri atau yang dibeli di kedai, dipotong menjadi kepingan $^{1/4}$ $_{\text{inci}}$
- 2 sudu besar minyak zaitun

Letakkan biji bijan dalam kuali kering di atas api sederhana dan bakar hingga kekuningan, kacau sentiasa, 3 hingga 4 minit. Ketepikan untuk menyejukkan, kemudian kisar dalam pemproses makanan atau pengisar rempah.

Letakkan biji bijan yang dikisar dalam mangkuk cetek dan masukkan tepung, garam, dan lada sulah, dan gaul rata. Letakkan susu soya dalam mangkuk cetek. Celupkan seitan dalam susu soya, dan kemudian korek dalam adunan bijan.

Dalam kuali besar, panaskan minyak dengan api sederhana. Masukkan seitan, dalam kelompok jika perlu, dan masak sehingga garing dan perang keemasan di kedua-dua belah, kira-kira 10 minit. Hidangkan segera.

78. Seitan dengan Articok dan Buah Zaitun

Membuat 4 hidangan

- 2 sudu besar minyak zaitun
- buatan sendiri atau dibeli di kedai, dipotong menjadi kepingan $^{1}/_{4}$ inci
- 2 ulas bawang putih, dikisar
- 1 (14.5-auns) tin tomato dipotong dadu, toskan
- 1 $^{1}/_{2}$ cawan hati articok dalam tin atau beku (dimasak), dipotong menjadi kepingan $^{1}/_{4}$ inci
- 1 sudu besar caper
- 2 sudu besar pasli segar yang dicincang
- Garam dan lada hitam yang baru dikisar
- 1 cawan Tauhu Feta (pilihan)

Panaskan ketuhar hingga 250°F. Dalam kuali besar, panaskan 1 sudu besar minyak di atas api sederhana tinggi. Masukkan seitan dan coklat pada kedua-dua belah, kira-kira 5 minit. Pindahkan seitan ke pinggan kalis haba dan simpan dalam ketuhar.

Dalam kuali yang sama, panaskan baki 1 sudu besar minyak di atas api sederhana. Masukkan bawang putih dan masak sehingga wangi, kira-kira 30 saat. Masukkan tomato, hati articok, buah zaitun, caper, dan pasli. Perasakan dengan garam dan lada sulah secukup rasa dan masak sehingga panas, kira-kira 5 minit. Mengetepikan.

Letakkan seitan di atas pinggan hidangan, atas dengan campuran sayuran, dan taburkan dengan tauhu feta, jika digunakan. Hidangkan segera.

79. Seitan Dengan Sos Ancho-Chipotle

Membuat 4 hidangan

- 2 sudu besar minyak zaitun
- 1 bawang sederhana, dicincang
- 2 lobak merah sederhana, dicincang
- 2 ulas bawang putih, dikisar
- 1 (28-auns) boleh dihancurkan tomato panggang api
- $^{1}/_{2}$ cawan sup sayur, buatan sendiri (lihat Sup Sayur Ringan) atau dibeli di kedai
- 2 biji cili ikan kering
- 1 biji cili kering
- $^{1}/_{2}$ cawan tepung jagung kuning
- $^{1}/_{2}$ sudu teh garam
- $^{1}/_{4}$ sudu teh lada hitam yang baru dikisar
- buatan sendiri atau dibeli di kedai, dipotong menjadi kepingan ¼ inci

Dalam periuk besar, panaskan 1 sudu besar minyak di atas api sederhana. Masukkan bawang dan lobak merah, tutup, dan masak selama 7 minit. Masukkan bawang putih dan masak selama 1 minit. Masukkan tomato, sup, dan cili ikan bilis dan chipotle. Reneh, tanpa penutup, selama 45 minit, kemudian tuangkan sos ke dalam pengisar dan kisar sehingga rata. Kembali ke dalam periuk dan panaskan dengan api yang sangat perlahan.

Dalam mangkuk cetek, satukan tepung jagung dengan garam dan lada sulah. Korek seitan dalam adunan tepung jagung, salut rata.

Dalam kuali besar, panaskan baki 2 sudu besar minyak di atas api sederhana. Masukkan seitan dan masak sehingga perang di kedua-dua belah, kira-kira 8 minit secara keseluruhan. Hidangkan segera bersama sos cili.

80. Seitan Piccata

Membuat 4 hidangan

- 1 paun seitan, buatan sendiri atau dibeli di kedai, potong $^{1}/_{4}$ inci kepingan Garam dan lada hitam yang baru dikisar
- $^{1}/_{2}$ cawan tepung serba guna
- 2 sudu besar minyak zaitun
- 1 bawang merah sederhana, dikisar
- 2 ulas bawang putih, dikisar
- 2 sudu besar caper
- $^{1}/_{3}$ cawan wain putih
- $^{1}/_{3}$ cawan sup sayur, buatan sendiri (lihat Sup Sayur Ringan) atau dibeli di kedai
- 2 sudu besar jus lemon segar
- 2 sudu besar marjerin vegan
- 2 sudu besar pasli segar cincang

Panaskan ketuhar hingga 275°F. Perasakan seitan dengan garam dan lada sulah secukup rasa dan korek dalam tepung.

Dalam kuali besar, panaskan 2 sudu besar minyak di atas api sederhana. Masukkan seitan yang dikorek dan masak sehingga keperangan di kedua-dua belah, kira-kira 10 minit. Pindahkan seitan ke pinggan kalis haba dan simpan dalam ketuhar.

Dalam kuali yang sama, panaskan baki 1 sudu besar minyak di atas api sederhana. Masukkan bawang merah dan bawang putih, masak selama 2 minit, kemudian kacau dalam caper, wain, dan sup. Reneh selama satu atau dua minit untuk mengurangkan sedikit, kemudian masukkan jus lemon, marjerin, dan pasli, kacau sehingga marjerin sebati ke dalam sos. Tuangkan sos ke atas seitan perang dan hidangkan segera.

81. Seitan Tiga Biji

Membuat 4 hidangan

- 1/4 cawan biji bunga matahari bercengkerang tanpa garam
- 1/4 cawan biji labu bercengkerang tanpa garam (pepitas)
- 1/4 cawan biji bijan
- ¾ cawan tepung serba guna
- 1 sudu teh ketumbar kisar
- 1 sudu teh paprika salai
- 1/2 sudu teh garam
- 1/4 sudu teh lada hitam yang baru dikisar
- 1 paun seitan, buatan sendiri atau dibeli di kedai, dipotong mengikut saiz gigitan
- 2 sudu besar minyak zaitun

Dalam pemproses makanan, gabungkan biji bunga matahari, biji labu, dan bijan dan kisar hingga menjadi serbuk. Pindahkan ke dalam mangkuk cetek, masukkan tepung, ketumbar, paprika, garam, dan lada sulah, dan kacau hingga sebati.

Basahkan kepingan seitan dengan air, kemudian korek dalam campuran benih untuk disalut sepenuhnya.

Dalam kuali besar, panaskan minyak dengan api sederhana. Masukkan seitan dan masak sehingga keperangan dan garing di kedua-dua belah. Hidangkan segera.

82. Fajitas tanpa Sempadan

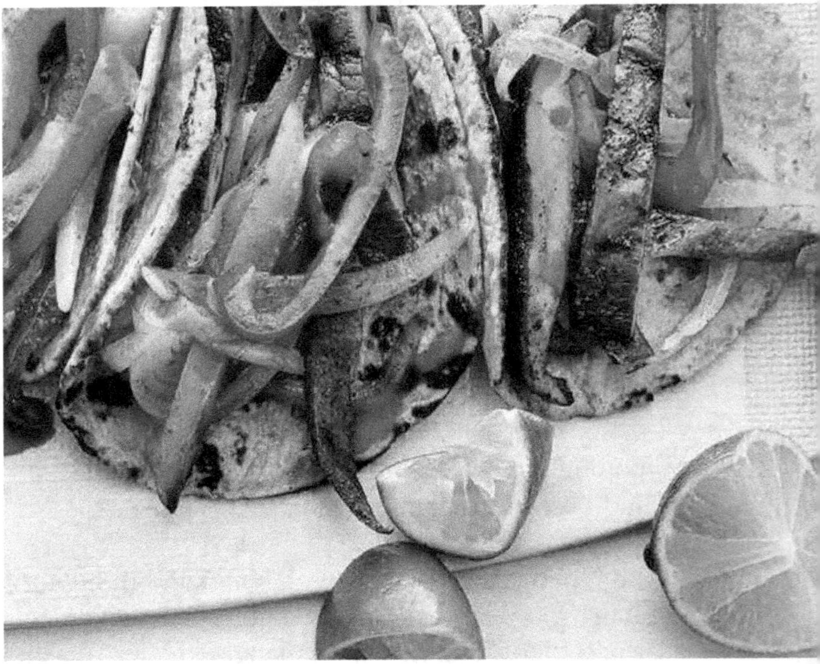

Membuat 4 hidangan

- 1 sudu besar minyak zaitun
- 1 biji bawang merah kecil, dihiris
- 10 auns seitan, buatan sendiri atau dibeli di kedai, dipotong menjadi jalur $^{1}/_{2}$ inci
- $^{1}/_{4}$ cawan cili hijau panas atau cincang halus dalam tin
- Garam dan lada hitam yang baru dikisar
- (10 inci) tortilla tepung lembut
- 2 cawan tomato salsa, buatan sendiri (lihat Fresh Tomato Salsa) atau yang dibeli di kedai

Dalam kuali besar, panaskan minyak dengan api sederhana. Masukkan bawang, tutup, dan masak sehingga lembut, kira-kira 7 minit. Masukkan seitan dan masak, tanpa penutup, selama 5 minit.

Masukkan ubi keledek, cili, oregano, dan garam dan lada sulah secukup rasa, kacau hingga sebati. Teruskan masak sehingga adunan panas dan perisa sebati, kacau sekali-sekala, kira-kira 7 minit.

Panaskan tortilla dalam kuali kering. Letakkan setiap tortilla dalam mangkuk cetek. Sudukan adunan seitan dan ubi keledek ke dalam tortilla, kemudian letakkan setiap satu dengan kira-kira $^{1}/_{3}$ cawan salsa. Taburkan setiap satu mangkuk dengan 1 sudu besar buah zaitun, jika menggunakan. Hidangkan segera, dengan sebarang salsa yang tinggal dihidangkan di sebelah.

83. Seitan dengan Green Apple Relish

Membuat 4 hidangan

- 2 biji epal Granny Smith, dicincang kasar
- $^{1}/_{2}$ cawan bawang merah yang dicincang halus
- $^{1}/_{2}$ jalapeño cili, dibiji dan dikisar
- 1 $^{1}/_{2}$ sudu teh halia segar parut
- 2 sudu besar jus limau nipis segar
- 2 sudu teh nektar agave
- Garam dan lada hitam yang baru dikisar
- 2 sudu besar minyak zaitun
- 1 paun seitan, buatan sendiri atau dibeli di kedai, dipotong menjadi kepingan $^{1}/_{2}$ inci

Dalam mangkuk sederhana, satukan epal, bawang, cili, halia, jus limau, nektar agave, dan garam dan lada secukup rasa. Mengetepikan.

Panaskan minyak dalam kuali dengan api sederhana. Masukkan seitan dan masak sehingga perang di kedua-dua belah, putar sekali, kira-kira 4 minit setiap sisi. Perasakan dengan garam dan lada sulah secukup rasa. Masukkan jus epal dan masak selama satu minit sehingga ia berkurangan. Hidangkan segera dengan keenakan epal.

84. Tumis Seitan dan Brokoli-Shiitake

Membuat 4 hidangan

- 2 sudu besar minyak canola atau grapeseed
- 10 auns seitan, buatan sendiri atau dibeli di kedai, dipotong menjadi kepingan $^{1}/_{4}$ inci
- 3 ulas bawang putih, dikisar
- 2 sudu teh halia segar parut
- bawang hijau, cincang
- 1 tandan sederhana brokoli, potong bunga 1 inci
- 3 sudu besar kicap
- 2 sudu besar sherry kering
- 1 sudu teh minyak bijan panggang
- 1 sudu besar bijan bakar

Dalam kuali besar, panaskan 1 sudu besar minyak di atas api sederhana tinggi. Masukkan seitan dan masak, kacau sekali-sekala sehingga perang sedikit, kira-kira 3 minit. Pindahkan seitan ke dalam mangkuk dan ketepikan.

Dalam kuali yang sama, panaskan baki 1 sudu besar minyak di atas api sederhana tinggi. Masukkan cendawan dan masak, kacau kerap, sehingga perang, kira-kira 3 minit. Masukkan bawang putih, halia, dan bawang hijau dan masak 30 saat lebih lama. Masukkan bancuhan cendawan ke dalam seitan yang telah dimasak dan ketepikan.

Masukkan brokoli dan air ke dalam kuali yang sama. Tutup dan masak sehingga brokoli mula bertukar hijau terang, kira-kira 3 minit. Buka tutup dan masak, kacau kerap, sehingga cecair menyejat dan brokoli menjadi garing-lembut, kira-kira 3 minit lebih lama.

Kembalikan adunan seitan dan cendawan ke dalam kuali. Masukkan kicap dan sherry dan tumis sehingga seitan dan sayur panas, kira-kira 3 minit. Taburkan dengan minyak bijan dan bijan dan hidangkan segera.

85. Brochettes Seitan dengan Pic

Membuat 4 hidangan

- $^{1}/_{3}$ cawan cuka balsamic
- 2 sudu besar wain merah kering
- 2 sudu besar gula perang ringan
- $^{1}/_{4}$ cawan basil segar yang dicincang
- $^{1}/_{4}$ cawan marjoram segar yang dicincang
- 2 sudu besar bawang putih kisar
- 2 sudu besar minyak zaitun
- 1 paun seitan, buatan sendiri atau dibeli di kedai, dipotong menjadi kepingan 1 inci
- bawang merah, dibelah dua memanjang dan dicelur
- Garam dan lada hitam yang baru dikisar
- 2 buah pic masak, diadu dan potong 1 inci

Satukan cuka, wain, dan gula dalam periuk kecil dan biarkan mendidih. Kecilkan api kepada sederhana dan reneh, kacau, sehingga berkurangan separuh, kira-kira 15 minit. Keluarkan dari api.

Dalam mangkuk besar, satukan basil, marjoram, bawang putih, dan minyak zaitun. Masukkan seitan, bawang merah, dan pic, dan gaulkan hingga rata. Perasakan dengan garam dan lada sulah secukup rasa

Panaskan panggangan. [*] Benang seitan, bawang merah dan pic pada lidi dan sapu dengan adunan balsamic.

Letakkan brochettes di atas panggangan dan masak sehingga seitan dan pic dipanggang, kira-kira 3 minit setiap sisi. Berus dengan baki campuran balsamic dan hidangkan segera.

* Daripada memanggang, anda boleh meletakkan brochettes ini di bawah ayam daging. Panggang 4 hingga 5 inci dari api sehingga panas dan berwarna perang sedikit di sekeliling tepi, kira-kira 10 minit, pusing sekali separuh.

86. Seitan Bakar dan Kebab Sayuran

Membuat 4 hidangan

- $^{1}/_{3}$ cawan cuka balsamic
- 2 sudu besar minyak zaitun
- 1 sudu besar oregano segar dicincang atau 1 sudu teh kering
- 2 ulas bawang putih, dikisar
- $^{1}/_{2}$ sudu teh garam
- $^{1}/_{4}$ sudu teh lada hitam yang baru dikisar
- 1 paun seitan, buatan sendiri atau dibeli di kedai, dipotong menjadi kiub 1 inci
- 7 auns cendawan putih kecil, dibilas ringan dan dikeringkan
- 2 zucchini kecil, dipotong menjadi kepingan 1 inci
- 1 lada benggala kuning sederhana, potong segi empat sama 1 inci
- tomato ceri masak

Dalam mangkuk sederhana, gabungkan cuka, minyak, oregano, thyme, bawang putih, garam, dan lada hitam. Masukkan seitan, cendawan, zucchini, lada benggala, dan tomato, bertukar kepada kot. Perap pada suhu bilik selama 30 minit, pusing sekali-sekala. Toskan seitan dan sayur-sayuran, simpan perapan.

Panaskan panggangan. * Masukkan seitan, cendawan dan tomato pada lidi.

Letakkan lidi di atas panggangan panas dan masak, pusingkan kabob sekali separuh jalan semasa memanggang, kira-kira 10 minit jumlahnya. Siram dengan sedikit perapan yang dikhaskan dan hidangkan segera.

* Daripada memanggang, anda boleh meletakkan lidi ini di bawah ayam daging. Panggang 4 hingga 5 inci dari api sehingga panas dan berwarna perang sedikit di sekeliling tepi, kira-kira 10 minit, pusing sekali separuh masa memanggang.

87. Seitan En Croute

Membuat 4 hidangan

- 1 sudu besar minyak zaitun
- 2 bawang merah sederhana, dikisar
- auns cendawan putih, dikisar
- $^{1}/_{4}$ cawan Madeira
- 1 sudu besar pasli segar cincang
- $^{1}/_{2}$ sudu teh thyme kering
- $^{1}/_{2}$ sudu teh gurih kering
- 2 cawan kiub roti kering yang dicincang halus
- Garam dan lada hitam yang baru dikisar
- 1 helai pastri puff beku, dicairkan
- ($^{1}/_{4}$ inci tebal) hirisan seitan kira-kira 3 X 4 inci bujur atau segi empat tepat, ditepuk kering

Dalam kuali besar, panaskan minyak dengan api sederhana. Masukkan bawang merah dan masak sehingga lembut, kira-kira 3 minit. Masukkan cendawan dan masak, kacau sekali-sekala, sehingga cendawan lembut, kira-kira 5 minit. Masukkan Madiera, pasli, thyme, dan pedas dan masak sehingga cecair hampir sejat. Masukkan kiub roti dan perasakan dengan garam dan lada sulah secukup rasa. Ketepikan untuk sejuk.

Letakkan kepingan pastri puff pada sekeping besar bungkus filem plastik di atas permukaan kerja yang rata. Teratas dengan sekeping lagi bungkus plastik dan gunakan pin penggelek untuk melancarkan sedikit pastri untuk melicinkan. Potong pastri kepada empat bahagian. Letakkan 1 keping seitan di tengah setiap keping pastri. Bahagikan pemadat di antara mereka, sebarkan untuk menutup seitan. Teratas setiap satu dengan baki hirisan seitan. Lipat pastri untuk memasukkan inti, kelimkan tepi dengan jari anda untuk mengelak. Letakkan bungkusan pastri, jahitan sebelah bawah, pada loyang besar yang tidak digris dan sejukkan selama 30 minit. Panaskan ketuhar hingga 400°F. Bakar sehingga kerak berwarna perang keemasan, kira-kira 20 minit. Hidangkan segera.

88. Seitan dan Torta Kentang

Membuat 6 hidangan

- 2 sudu besar minyak zaitun
- 1 bawang kuning sederhana, dikisar
- 4 cawan bayam bayi segar yang dicincang atau chard bertangkai
- 8 auns seitan, buatan sendiri atau dibeli di kedai, dicincang halus
- 1 sudu teh marjoram segar cincang
- $^1/_2$ sudu teh biji adas yang dikisar
- $^1/_4$ hingga $^1/_2$ sudu teh lada merah dihancurkan
- Garam dan lada hitam yang baru dikisar
- 2 paun kentang Yukon Gold, dikupas dan dipotong menjadi kepingan $^1/_4$ inci
- $^1/_2$ cawan vegan Parmesan atau Parmasio

Panaskan ketuhar hingga 400°F. Minyak sedikit kaserol 3 liter atau loyang 9 x 13 inci dan ketepikan.

Dalam kuali besar, panaskan 1 sudu besar minyak di atas api sederhana. Masukkan bawang, tutup, dan masak sehingga lembut, kira-kira 7 minit. Masukkan bayam dan masak, tidak bertutup, sehingga layu, kira-kira 3 minit. Masukkan seitan, marjoram, biji adas, dan lada merah yang dihancurkan, dan masak sehingga sebati. Perasakan dengan garam dan lada sulah secukup rasa. Mengetepikan.

Sapukan hirisan tomato di bahagian bawah kuali yang disediakan. Teratas dengan lapisan hirisan kentang yang bertindih sedikit. Sapu lapisan kentang dengan baki 1 sudu minyak dan perasakan dengan garam dan lada sulah secukup rasa. Sapukan kira-kira separuh daripada campuran seitan dan bayam ke atas kentang. Teratas dengan lapisan kentang yang lain, diikuti dengan baki seitan dan campuran bayam. Teratas dengan lapisan terakhir kentang, gerimis dengan baki minyak dan garam dan lada secukup rasa. Taburkan dengan Parmesan. Tutup dan bakar sehingga kentang empuk, 45 minit hingga 1 jam. Buka tutup dan teruskan membakar hingga coklat bahagian atas, 10 hingga 15 minit. Hidangkan segera.

89. Pai Kotej Desa

Membuat 4 hingga 6 hidangan

- Kentang Yukon Gold, dikupas dan dipotong menjadi dadu 1 inci
- 2 sudu besar marjerin vegan
- $^{1}/_{4}$ cawan susu soya tanpa gula biasa
- Garam dan lada hitam yang baru dikisar
- 1 sudu besar minyak zaitun
- 1 bawang kuning sederhana, dicincang halus
- 1 lobak merah sederhana, dicincang halus
- 1 rusuk saderi, dicincang halus
- auns seitan, buatan sendiri atau dibeli di kedai, dicincang halus
- 1 cawan kacang pea beku
- 1 cawan biji jagung beku
- 1 sudu teh gurih kering
- $^{1}/_{2}$ sudu teh thyme kering

Dalam periuk air masin mendidih, masak kentang sehingga lembut, 15 hingga 20 minit. Toskan dengan baik dan kembalikan ke dalam periuk. Masukkan marjerin, susu soya, dan garam dan lada sulah secukup rasa. Tumbuk kasar dengan tumbuk kentang dan ketepikan. Panaskan ketuhar hingga 350°F.

Dalam kuali besar, panaskan minyak dengan api sederhana. Masukkan bawang besar, lobak merah dan saderi. Tutup dan masak sehingga lembut, kira-kira 10 minit. Pindahkan sayur-sayuran ke dalam loyang 9 x 13 inci. Masukkan seitan, sos cendawan, kacang polong, jagung, pedas dan thyme. Perasakan dengan garam dan lada sulah secukup rasa dan ratakan adunan dalam loyang.

Teratas dengan kentang tumbuk, ratakan ke tepi loyang. Bakar sehingga kentang menjadi perang dan intinya berbuih, kira-kira 45 minit. Hidangkan segera.

90. Seitan dengan Bayam dan Tomato

Membuat 4 hidangan

- 2 sudu besar minyak zaitun
- 1 paun seitan, buatan sendiri atau dibeli di kedai, dipotong menjadi jalur $^{1}/_{4}$ inci
- Garam dan lada hitam yang baru dikisar
- 3 ulas bawang putih, dikisar
- 4 cawan bayi bayam segar
- tomato yang dijemur dengan minyak, dipotong menjadi jalur $^{1}/_{4}$ inci
- $^{1}/_{2}$ cawan buah zaitun Kalamata yang diadu, dibelah dua
- 1 sudu besar caper
- $^{1}/_{4}$ sudu teh lada merah ditumbuk

Dalam kuali besar, panaskan minyak dengan api sederhana. Masukkan seitan, perasakan dengan garam dan lada hitam secukup rasa, dan masak sehingga perang, kira-kira 5 minit setiap sisi.

Masukkan bawang putih dan masak selama 1 minit untuk lembut. Masukkan bayam dan masak sehingga ia layu, kira-kira 3 minit. Masukkan tomato, buah zaitun, caper, dan lada merah yang dihancurkan. Perasakan dengan garam dan lada hitam secukup rasa. Masak, kacau, sehingga rasa telah sebati, kira-kira 5 minit

Hidangkan segera.

91. Seitan dan Ubi Kentang

Membuat 4 hidangan

- 2 sudu besar minyak zaitun
- 1 biji bawang kuning kecil, dikisar
- $^{1}/_{4}$ cawan lada benggala hijau cincang
- kentang Yukon Gold yang besar, dikupas dan dipotong menjadi kepingan $^{1}/_{4}$ inci
- $^{1}/_{2}$ sudu teh garam
- $^{1}/_{4}$ sudu teh lada hitam yang baru dikisar
- 10 auns seitan, buatan sendiri atau dibeli di kedai, dicincang
- $^{1}/_{2}$ cawan susu soya tanpa gula biasa
- 1 sudu besar marjerin vegan
- 2 sudu besar pasli segar cincang, sebagai hiasan

Panaskan ketuhar hingga 350°F. Minyakkan sedikit loyang bersaiz 10 inci persegi dan ketepikan.

Dalam kuali, panaskan minyak dengan api sederhana. Masukkan bawang dan lada benggala dan masak sehingga lembut, kira-kira 7 minit. Mengetepikan.

Dalam loyang yang disediakan, lapiskan separuh daripada kentang dan taburkan garam dan lada hitam secukup rasa. Taburkan campuran bawang merah dan lada benggala dan seitan yang dicincang di atas kentang. Teratas dengan baki hirisan kentang dan perasakan dengan garam dan lada hitam secukup rasa.

Dalam mangkuk sederhana, satukan sos perang dan susu soya sehingga sebati. Tuangkan ke atas kentang. Titikkan lapisan atas dengan marjerin dan tutup rapat dengan foil. Bakar selama 1 jam. Keluarkan foil dan bakar selama 20 minit tambahan atau sehingga bahagian atas berwarna perang keemasan. Hidangkan segera ditaburkan dengan pasli.

92. Tumis Mee Korea

Membuat 4 hidangan

- 8 auns dang myun atau mee utas kacang
- 2 sudu besar minyak bijan bakar
- 1 sudu besar gula
- $^{1}/_{4}$ sudu teh garam
- $^{1}/_{4}$ sudu teh cayenne kisar
- 2 sudu besar minyak canola atau grapeseed
- 8 auns seitan, buatan sendiri atau dibeli di kedai, dipotong menjadi jalur $^{1}/_{4}$ inci
- 1 biji bawang sederhana, dibelah dua memanjang dan dihiris nipis
- 1 lobak merah sederhana, potong batang mancis nipis
- 6 auns cendawan shiitake segar, bertangkai dan dihiris nipis
- 3 cawan bok choy yang dihiris halus atau kubis Asia yang lain
- 3 bawang hijau, dicincang
- 3 ulas bawang putih, dikisar halus
- 1 cawan taugeh
- 2 sudu besar bijan, untuk hiasan

Rendam mee dalam air panas selama 15 minit. Toskan dan bilas di bawah air sejuk. Mengetepikan.

Dalam mangkuk kecil, satukan kicap, minyak bijan, gula, garam, dan cayenne dan ketepikan.

Dalam kuali besar, panaskan 1 sudu besar minyak di atas api sederhana tinggi. Masukkan seitan dan tumis hingga keperangan, kira-kira 2 minit. Keluarkan dari kuali dan ketepikan.

Masukkan baki 1 sudu besar minyak kanola ke dalam kuali yang sama dan panaskan di atas api yang sederhana tinggi. Masukkan bawang dan lobak merah dan kacau sehingga lembut, kira-kira 3 minit. Masukkan cendawan, bok choy, bawang hijau, dan bawang putih dan tumis sehingga lembut, kira-kira 3 minit.

Masukkan taugeh dan tumis selama 30 saat, kemudian masukkan mee masak, seitan perang, dan campuran kicap dan kacau hingga berlapis. Teruskan masak, kacau sekali-sekala, sehingga bahan-bahan panas dan sebati, 3 hingga 5 minit. Pindahkan ke dalam hidangan hidangan yang besar, taburkan dengan biji bijan, dan hidangkan segera.

93. Cili Kacang Merah Berempah Jerk

Membuat 4 hidangan

- 1 sudu besar minyak zaitun
- 1 bawang sederhana, dicincang
- 10 auns seitan, buatan sendiri atau dibeli di kedai, dicincang
- 3 cawan yang dimasak atau 2 (15.5 auns) tin kacang merah gelap, toskan dan bilas
- (14.5-auns) boleh dihancurkan tomato
- (14.5-auns) tomato boleh dipotong dadu, toskan
- (4-auns) boleh cincang cili hijau lembut atau panas, toskan
- $^{1}/_{2}$ cawan sos barbeku, buatan sendiri atau dibeli di kedai
- 1 cawan air
- 1 sudu besar kicap
- 1 sudu besar serbuk cili
- 1 sudu teh jintan kisar
- 1 sudu kecil lada sulah
- 1 sudu teh gula
- $^{1}/_{2}$ sudu teh oregano kisar
- $^{1}/_{4}$ sudu teh cayenne kisar
- $^{1}/_{2}$ sudu teh garam
- $^{1}/_{4}$ sudu teh lada hitam yang baru dikisar

Dalam periuk besar, panaskan minyak dengan api sederhana. Masukkan bawang besar dan seitan. Tutup dan masak, sehingga bawang lembut, kira-kira 10 minit.

Kacau dalam kacang ginjal, tomato hancur, tomato potong dadu, dan cili. Masukkan sos barbeku, air, kicap, serbuk cili, jintan manis, lada sulah, gula, oregano, cayenne, garam, dan lada hitam.

Didihkan, kemudian kecilkan api ke sederhana dan reneh, ditutup, sehingga sayur-sayuran lembut, kira-kira 45 minit. Buka tutup dan reneh lebih kurang 10 minit lagi. Hidangkan segera.

94. Stew Medley Musim Luruh

Membuat 4 hingga 6 hidangan

- 2 sudu besar minyak zaitun
- 10 auns seitan, buatan sendiri atau dibeli di kedai, dipotong menjadi kiub 1 inci
- Garam dan lada hitam yang baru dikisar
- 1 bawang kuning besar, dicincang
- 2 ulas bawang putih, dikisar
- 1 kentang russet besar, dikupas dan dipotong menjadi $^{1}/_{2}$ inci dadu
- 1 ubi sederhana, potong dadu $^{1}/_{4}$ inci dicincang
- 1 labu butternut kecil, dikupas, dibelah dua, dibiji, dan dipotong menjadi $^{1}/_{2}$ inci dadu
- 1 kubis savoy kepala kecil, dicincang
- 1 (14.5-auns) tin tomato dipotong dadu, toskan
- 1 $^{1}/_{2}$ cawan yang dimasak atau 1 (15.5-auns) tin kacang, toskan dan bilas
- 2 cawan sup sayur, buatan sendiri (lihat Sup Sayur Ringan) atau beli di kedai, atau air
- $^{1}/_{2}$ sudu teh marjoram kering
- $^{1}/_{2}$ sudu teh thyme kering
- $^{1}/_{2}$ cawan pasta rambut malaikat yang hancur

Dalam kuali besar, panaskan 1 sudu besar minyak di atas api sederhana tinggi. Masukkan seitan dan masak sehingga perang di semua sisi, kira-kira 5 minit. Perasakan dengan garam dan lada sulah secukup rasa dan ketepikan.

Dalam periuk besar, panaskan baki 1 sudu besar minyak di atas api sederhana. Masukkan bawang besar dan bawang putih. Tutup dan masak sehingga lembut, kira-

kira 5 minit. Masukkan kentang, lobak merah, parsnip dan labu. Tutup dan masak sehingga lembut, kira-kira 10 minit.

Kacau dalam kubis, tomato, kacang ayam, sup, wain, marjoram, thyme, dan garam dan lada secukup rasa. Didihkan, kemudian kecilkan api. Tutup dan masak, kacau sekali-sekala, sehingga sayur-sayuran lembut, kira-kira 45 minit. Masukkan seitan yang telah dimasak dan pasta dan renehkan sehingga pasta lembut dan rasa sebati, lebih kurang 10 minit lagi. Hidangkan segera.

95. Nasi Itali dengan Seitan

Membuat 4 hidangan

- 2 cawan air
- 1 cawan beras perang atau putih bijirin panjang
- 2 sudu besar minyak zaitun
- 1 bawang kuning sederhana, dicincang
- 2 ulas bawang putih, dikisar
- 10 auns seitan, buatan sendiri atau dibeli di kedai, dicincang
- 4 auns cendawan putih, dicincang
- 1 sudu teh selasih kering
- $^{1}/_{2}$ sudu teh biji adas yang dikisar
- $^{1}/_{4}$ sudu teh lada merah ditumbuk
- Garam dan lada hitam yang baru dikisar

Dalam periuk besar, biarkan air mendidih dengan api yang tinggi. Masukkan nasi, kecilkan api, tutup, dan masak sehingga lembut, kira-kira 30 minit.

Dalam kuali besar, panaskan minyak dengan api sederhana. Masukkan bawang, tutup, dan masak sehingga lembut, kira-kira 5 minit. Masukkan seitan dan masak tanpa tutup sehingga keperangan. Kacau cendawan dan masak sehingga lembut, lebih kurang 5 minit lagi. Masukkan selasih, adas, lada merah yang dihancurkan, dan garam dan lada hitam secukup rasa.

Pindahkan nasi yang telah dimasak ke dalam mangkuk hidangan yang besar. Masukkan adunan seitan dan gaul sebati. Masukkan lada hitam yang banyak dan hidangkan segera.

96. Hash Dua Kentang

Membuat 4 hidangan

- 2 sudu besar minyak zaitun
- 1 bawang merah sederhana, dicincang
- 1 lada benggala merah atau kuning sederhana, dicincang
- 1 kentang russet sederhana masak, dikupas dan dipotong menjadi dadu ½ inci
- 1 ubi keledek sederhana masak, dikupas dan dipotong dadu ½ inci
- 2 cawan seitan cincang, buatan sendiri
- Garam dan lada hitam yang baru dikisar

Dalam kuali besar, panaskan minyak dengan api sederhana. Masukkan bawang besar dan lada benggala. Tutup dan masak sehingga lembut, kira-kira 7 minit.

Masukkan ubi putih, keledek, dan seitan dan perasakan dengan garam dan lada sulah secukup rasa. Masak, tidak bertutup, sehingga perang sedikit, kacau kerap, kira-kira 10 minit. Hidangkan panas.

97. Sour Cream Seitan Enchilada

DILAYAN 8

BAHAN-BAHAN

Seitan

- 1 cawan tepung gluten gandum penting
- 1/4 cawan tepung kacang
- 1/4 cawan yis pemakanan
- 1 sudu kecil serbuk bawang
- 1/2 sudu teh serbuk bawang putih
- 1 1/2 sudu teh serbuk stok sayuran
- 1/2 cawan air
- 2 sudu besar jus lemon yang baru diperah
- 2 sudu besar kicap
- 2 cawan sup sayur

Sos Krim Masam

- 2 sudu besar marjerin vegan
- 2 sudu besar tepung
- 1 1/2 cawan sup sayur
- 2 (8 oz) karton krim masam vegan
- 1 cawan salsa verde (tomatillo salsa)
- 1/2 sudu teh garam
- 1/2 sudu kecil lada putih kisar
- 1/4 cawan cilantro cincang

Enchilada

- 2 sudu besar minyak zaitun
- 1/2 bawang sederhana, dipotong dadu
- 2 ulas bawang putih, dikisar
- 2 biji cili serrano, dikisar (lihat petua)
- 1/4 cawan pes tomato

- 1/4 cawan air
- 1 sudu besar jintan manis
- 2 sudu besar serbuk cili
- 1 sudu teh garam
- 15-20 tortilla jagung
- 1 (8 oz) pakej Daiya Cheddar Style Shreds
- 1/2 cawan ketumbar cincang

KAEDAH

a) Sediakan seitan. Panaskan ketuhar hingga 325 darjah Fahrenheit. Minyak sedikit pinggan mangkuk bertutup dengan semburan tidak melekat. Satukan tepung, yis pemakanan, rempah ratus dan serbuk stok sayuran dalam mangkuk besar. Campurkan air, jus lemon dan kicap dalam mangkuk kecil. Masukkan bahan basah ke dalam bahan kering dan kacau sehingga menjadi doh. Laraskan jumlah air atau gluten mengikut keperluan (lihat petua). Uli doh selama 5 minit, kemudian bentukkan menjadi roti. Letakkan seitan dalam hidangan kaserol dan tutup dengan 2 cawan sup sayur-sayuran. Tutup dan masak selama 40 minit. Balikkan roti, kemudian tutup dan masak selama 40 minit lagi. Keluarkan seitan dari pinggan dan biarkan ia berehat sehingga cukup sejuk untuk dikendalikan.

b) Lekatkan garpu ke bahagian atas roti seitan dan pegang pada tempatnya dengan satu tangan. Gunakan garpu kedua untuk mencincang roti menjadi kepingan kecil dan hancur.

c) Sediakan sos krim masam. Cairkan marjerin dalam periuk besar dengan api sederhana. Masukkan tepung dengan pemukul dawai dan masak selama 1 minit. Tuangkan air rebusan sayur perlahan-lahan sambil terus dipukul hingga rata. Masak selama 5 minit, teruskan pukul, sehingga sos telah pekat. Pukul krim masam dan salsa verde, kemudian kacau dalam bahan sos yang tinggal. Jangan biarkan mendidih, tetapi masak sehingga panas. Angkat dari api dan ketepikan.

d) Sediakan enchilada. Panaskan minyak zaitun dalam kuali besar dengan api sederhana. Masukkan bawang dan masak 5 minit atau sehingga lut sinar. Masukkan bawang putih dan cili Serrano dan masak 1 minit lagi. Masukkan seitan yang dicincang, pes tomato, jintan manis, serbuk cili dan garam. Masak selama 2 minit, kemudian angkat dari api.

e) Panaskan ketuhar hingga 350 darjah Fahrenheit. Panaskan tortilla di atas kuali atau dalam ketuhar gelombang mikro dan tutup dengan tuala dapur. Sapukan 1 cawan sos krim masam di sepanjang bahagian bawah hidangan pembakar 5 liter. Letakkan sedikit 1/4 cawan campuran seitan yang dicincang dan 1 sudu besar Daiya pada tortilla. Gulung dan masukkan ke dalam loyang dengan jahitan sebelah bawah. Ulangi dengan baki tortilla. Tutup enchilada dengan baki sos krim masam, kemudian taburkan dengan Daiya.

f) Bakar enchilada selama 25 minit atau sehingga menggelegak dan berwarna perang sedikit. Sejukkan sedikit selama 10 minit. Taburkan dengan 1/2 cawan ketumbar cincang dan hidangkan.

98. Panggang seitan sumbat vegan

bahan-bahan

Untuk seitan:

- 4 ulas bawang putih besar
- 350 ml sup sayur sejuk
- 2 sudu besar minyak bunga matahari
- 1 sudu kecil Marmite pilihan
- 280 g gluten gandum penting
- 3 sudu besar serpihan yis pemakanan
- 2 sudu kecil paprika manis
- 2 sudu kecil serbuk bouillon sayuran
- 1 sudu kecil jarum rosemary segar
- ½ sudu kecil lada hitam

Tambahan:

- 500 g Kubis Merah Vegan dan Isian Cendawan
- 300 g Pure Labu Pedas
- Metrik – Adat AS

Arahan

a) Panaskan ketuhar anda kepada 180°C (350°F/tanda gas 4).
b) Dalam mangkuk adunan besar, campurkan bersama gluten gandum penting, yis pemakanan, serbuk bouillon, paprika, rosemary dan lada hitam.
c) Menggunakan pengisar (atas kaunter atau rendaman), pukul bawang putih, stok, minyak, dan Marmite bersama-sama, kemudian masukkan ke dalam bahan kering.
d) Gaul rata sehingga semuanya sebati, kemudian uli selama lima minit. (nota 1)
e) Pada sekeping kertas baking silikon yang besar, gulungkan seitan ke dalam bentuk segi empat tepat

yang samar-samar, sehingga tebalnya sekitar 1.5cm (½").

f) Sapukan secara bebas dengan puri labu, dan kemudian tambah lapisan pemadat kubis dan cendawan.

g) Menggunakan parchment pembakar, dan bermula pada salah satu hujung pendek, gulung seitan dengan berhati-hati ke dalam bentuk log. Cuba jangan meregangkan seitan semasa anda melakukan ini. Tekan hujung seitan bersama-sama untuk mengelak.

h) Balut rapat kayu balak dalam kerajang aluminium. Jika foil anda nipis, gunakan dua atau tiga lapisan.

i) (Saya membungkus lombong seperti gula-gula gergasi – dan memusing hujung kerajang dengan ketat untuk menghalangnya terbatal!)

j) Letakkan seitan terus ke atas rak di tengah ketuhar, dan masak selama dua jam, terbalikkannya setiap 30 minit, untuk memastikan masak dan keperangan yang sekata.

k) Setelah masak, biarkan panggang seitan yang disumbat berehat dalam balutannya selama 20 minit sebelum dihiris.

l) Hidangkan dengan sayur-sayuran panggang tradisional, kuah cendawan buat awal, dan sebarang hiasan lain yang anda suka.

100. Sandwic Seitan Cuba

bahan-bahan

- Seitan panggang Mojo:
- 3/4 cawan jus oren segar
- 3 sudu besar jus limau nipis segar
- 3 sudu besar minyak zaitun
- 4 ulas bawang putih, dikisar
- 1 sudu teh oregano kering
- 1/2 sudu teh jintan halus
- 1/2 sudu teh garam
- 1/2 paun seitan, dihiris menjadi kepingan setebal 1/4 inci

Untuk perhimpunan:

- 4 (6- hingga 8 inci panjang) roti sandwic kapal selam vegan, atau 1 roti Itali vegan lembut, dihiris lebar kepada 4 keping
- Mentega vegan, pada suhu bilik, atau minyak zaitun
- Mustard kuning
- 1 cawan hirisan acar roti dan mentega 8 keping ham vegan yang dibeli di kedai
- 8 keping keju vegan rasa ringan (perisa keju Amerika atau kuning diutamakan)

Arah

a) Sediakan seitan: Panaskan ketuhar hingga 375°F. Pukul semua bahan mojo kecuali seitan dalam loyang seramik atau kaca 7 x 11 inci. Masukkan jalur seitan dan toskan hingga salut dengan bahan perapan. Bakar selama 10 minit, kemudian terbalikkan hirisan sekali, sehingga bahagian tepi berwarna perang sedikit dan sedikit perapan berair masih kekal (jangan masak terlalu lama!). Keluarkan dari ketuhar dan ketepikan sehingga sejuk.

b) Pasang sandwic: Potong setiap gulungan atau sekeping roti separuh secara mendatar dan ratakan kedua-dua bahagian dengan mentega atau berus dengan minyak zaitun. Pada separuh bahagian bawah setiap gulungan, sapukan lapisan sawi yang tebal, beberapa keping acar, dua keping ham, dan satu perempat daripada hirisan seitan, dan di atasnya dengan dua keping keju.

c) Sapukan sedikit perapan yang tinggal pada bahagian potong separuh lagi gulungan, kemudian letakkan di atas bahagian bawah sandwic. Sapu bahagian luar sandwic dengan lebih sedikit minyak zaitun atau sapukan dengan mentega.

d) Panaskan kuali besi tuang 10 hingga 12 inci dengan api sederhana. Perlahan-lahan pindahkan dua sandwic ke dalam kuali, kemudian tutup dengan sesuatu yang berat dan kalis haba, seperti kuali besi tuang lain atau batu bata yang ditutup dengan beberapa lapisan kerajang aluminium tugas berat. Bakar sandwic selama 3 hingga 4 minit, perhatikan dengan teliti untuk mengelakkan roti daripada hangus; jika perlu, kecilkan api sedikit semasa sandwic masak.

e) Apabila roti kelihatan dibakar, keluarkan kuali/bata dan gunakan spatula lebar untuk membalikkan setiap sandwic dengan teliti. Tekan sekali lagi dengan berat dan masak selama 3 minit lagi atau lebih, sehingga keju panas dan cair.

f) Keluarkan berat, pindahkan setiap sandwic ke papan pemotong, dan potong menyerong dengan pisau bergerigi. Hidangkan ho

KESIMPULAN

Semasa kami mengakhiri perjalanan kami melalui "Lelangit Tumbuhan-Protein: Tempe dan Buku Masakan Seitan," kami berharap anda menikmati meneroka keajaiban masakan tempe dan seitan. Kuasa protein berasaskan tumbuhan ini telah menunjukkan kepada kita bahawa makan makanan yang sihat dan berkhasiat tidak bermakna mengorbankan rasa atau variasi.

Tempe dan seitan menawarkan alternatif yang hebat kepada protein berasaskan haiwan, dan kepelbagaian ia membolehkan anda mencuba pelbagai masakan, perisa dan teknik memasak. Sama ada anda seorang peminat berasaskan tumbuhan atau seseorang yang ingin tahu tentang memasukkan bahan yang lebih mampan ke dalam makanan anda, buku masakan ini telah menyediakan anda dengan pelbagai resipi untuk dinikmati dan dikongsi dengan orang tersayang.

Kami menggalakkan anda untuk terus meneroka dunia masakan berasaskan tumbuhan, menemui cara baharu untuk menggabungkan tempe dan seitan ke dalam hidangan kegemaran anda dan mencipta karya kulinari anda sendiri. Keindahan masakan berasaskan tumbuhan terletak pada keupayaannya untuk menyuburkan badan dan planet anda, menjadikannya menang-menang untuk kesihatan dan alam sekitar anda.

Ingat, setiap hidangan adalah peluang untuk memberi kesan positif kepada kesejahteraan anda dan dunia di sekeliling anda. Dengan memilih pilihan berasaskan tumbuhan seperti tempe dan seitan, anda menyumbang kepada sistem makanan yang lebih mampan dan penuh belas kasihan sambil menikmati ciptaan yang lazat dan berkhasiat.

Jadi, inilah untuk menerima rasa tempe dan seitan, meningkatkan hidangan anda dengan kebaikan berasaskan tumbuhan, dan meraikan kegembiraan memasak secara sedar. Semoga dapur anda terus menjadi tempat penerokaan masakan, di mana kecintaan terhadap makanan berkhasiat dan planet bersatu dalam harmoni.

Selamat makan dan selamat memasak protein tumbuhan!

www.ingramcontent.com/pod-product-compliance
Lightning Source LLC
LaVergne TN
LVHW011305061026
849535LV00005B/1406